怎樣把世界的錢賺進口袋？塔木德箴言告訴我們！

猶太富豪的枕邊書

Secrets Of jewish Wealth Revealed

陳秦先＿＿編著

前言

研究經商厚黑學，你總是不可避免地看到一些猶太商人的影子，研究猶太商人經商賺錢的祕訣，你能嗅出濃濃的厚黑味道。

猶太厚黑鉅商哈默說：「我們是商人，只管做我們的生意，而生意就是生意。」精明透骨的猶太人把這一實惠哲學——厚黑學詮釋得那麼淋漓盡致！

如果你對猶太商人有所了解的話，我們不難發現，很多猶太商人的經商套路實際上就是典型的厚黑之道。似乎可以這樣說，猶太商人的賺錢之道，就是一部真正的厚黑學。

猶太商人經商之道與厚黑經商學可謂是異曲同工。

「厚黑學」是神祕的自然法則，「厚」好像盾，是自我保護的力量，「黑」恰似矛，是自我實現的競爭方略。商場之上有很多精於厚黑之術的商人，他們最能適應和駕馭關係複雜、競爭激烈、充滿變數的商業環境，在或讚美或漫罵聲中，他們獲得了商業利潤，履行了一個商人最基本的職能。對於這些人，我們稱之為厚黑商人。

世界上有很多猶太商業巨頭就是典型的厚黑商人。比如，洛克菲勒、哈默、索羅斯、巴菲特……等等，也正是因為他們獨特的商業思維和經商手段，使得他們幾乎成了世界上最成功的商人。

猶太商人在經商過程中，往往是詭計迭出，靈活善變，風卷殘雲之後，又不留絲毫痕跡。他們以心狠手快而著稱於世，瞅準機會就下手，不給對方留任何迴旋的餘地；他們精於鑽營，經商套路別具一格，往往能以最小的代價，謀取最大的利益；他們精通商場鬥智厚黑之術，永遠保持高度警惕，在給別人設置陷阱的同時，時刻關注著對手的舉動。

為了更好地從本質上解讀世界上最偉大的商人——猶太商人的賺錢之道，我們從厚黑學的角度逐一剖析，逐一解讀，給你一個關於猶太商人成功的真正答案。

本書語言幽默詼諧、辛辣尖銳；說理鞭辟入裡、深入淺出；舉例廣徵博引、觸類旁通，是睿智商家馳騁商場不可多的一部經典之作。

Chapter 1

唯金錢至上，把利益放在第一位——猶太人厚黑聚財定律

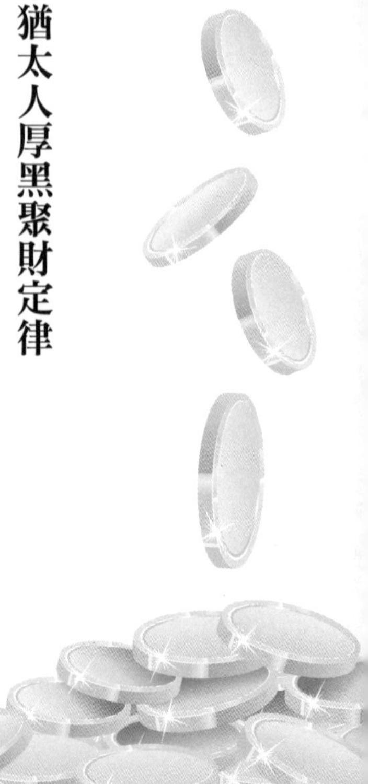

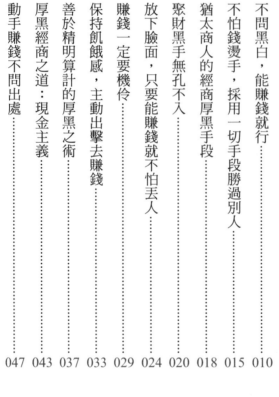

Contents 目錄

Chapter 2

詭計迭出，靈活善變精算計——猶太人厚黑經商謀略

Chapter 3

攻心為上，見縫就鑽使「捧」招——猶太人厚黑行銷大法

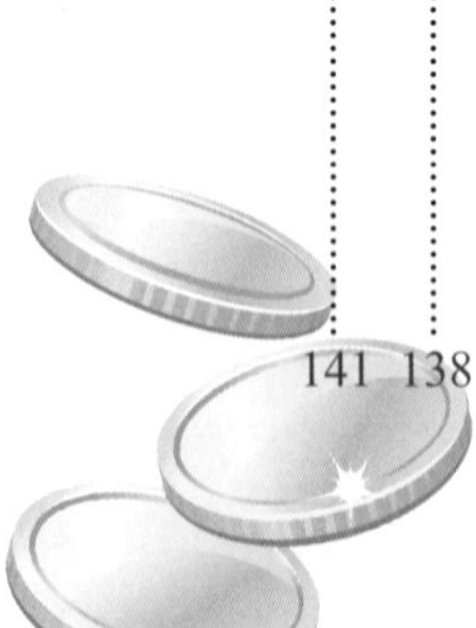

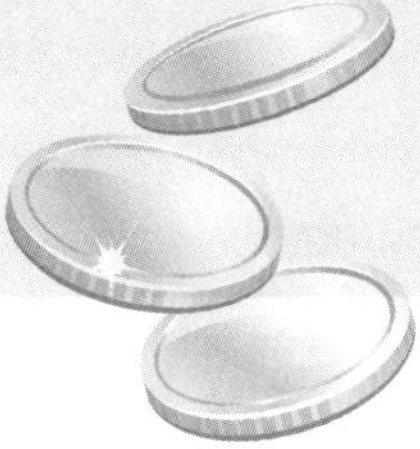

Chapter 4

一本萬利，用別人的錢賺錢——猶太人厚黑投資技巧

Chapter 5

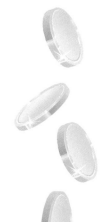

軟硬兼施，厚黑並用不怕臉紅——猶太人厚黑討債心計

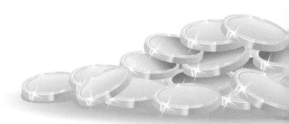

Chapter 1

唯金錢至上，
把利益放在第一位
——猶太人厚黑聚財定律

金錢是沒有臭味的，它是對人類安逸生活的祝福。

——《塔木德》

厚黑學認為，利益驅動是人之所以厚黑的根本原因。厚黑商人是功利主義最忠實的信徒，在他們眼裡，金錢才是真正的上帝，利益才是最終的目標。為了謀求財富，厚黑商人寧可放下一切束縛，處心積慮，百般算計，肆無忌憚地鋪就自己的黃金路。對於這一點，猶太厚黑鉅賈摩根說：「賺錢的過程，即不斷的接受挑戰才是樂趣，看著錢滾錢才有意義。」精明透頂的猶太人把這一實惠哲學詮釋得多麼淋漓盡致！

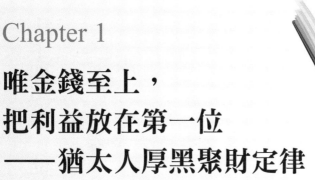

1 不問黑白，能賺錢就行

金錢平等，因此，人格平等；懷有賺大錢的欲望是好的。金錢對於任何人來說，都是平等的，它沒有高低貴賤的差別。——塔木德

厚黑商人有這樣的觀念，他們從不以自己做的生意小而自卑，恰恰相反，他們連小生意也是不會放棄的，在他們看來所有的生意都是由小做到大的。那些臉皮不厚，心不黑的人在極其殘酷的環境下是很難生存的，更談不上什麼賺錢經商。因而在他們的經商歷史中，他們從不會喜「大」厭「小」，他們喜歡把「鈔票不問出處」這句話掛在嘴上，實際上是在教人們創造和積累財富必須敢於下手，必須善於投機，必須運用獨特的厚黑手段。

錢是貨幣，是一個人擁有的物質財富多少的標誌，有時候更是一個人社會地位的象徵，它本身不存在貴賤問題。猶太商人的賺錢觀念和我們的傳統觀念不一樣，他們絲毫不認為蹬三輪車、扛麻袋就低賤，而當老闆、做經理就高貴，錢在誰的口袋都一樣是錢，它不會到了另一個人的口袋就不是錢了。

因此猶太商人在賺錢的時候，不會覺得錢是低賤或高貴的，他們不會因為自己目前所從事的職業不好而感到自愧不如，他們在從事所謂的低賤的職業的時候，心態也表現得十分平和，所以猶太商人做到了厚黑學中的「厚」之道。

由於對錢保持一種平常的心態，甚至把它看得如同一塊石頭、一張紙，猶太人才不會把它視為鬼神，把它分為乾淨的或骯髒的。這也正是猶太人厚黑處之一。在他們心中錢就是錢，相同的錢能買相同的東西，不可能出現不同的人拿著相同的錢買東西，買到的東西不等價，一個多一個少。因此，他們努力地去獲取它，失去它的時候，也不會痛不欲生。正是這種平常心，使得猶太人在驚濤駭浪的商海中馳騁自如，臨亂不慌，取得了穩操勝券的結果。

《塔木德》對酒的評價並不高，深信「當魔鬼要想造訪某人而又抽不出空來的時候，便會派酒做自己的代表」。這和我們說的「醉鬼」一詞有異曲同工之妙。喝醉的人和鬼相差無幾。因此，《塔木德》叮囑猶太人：「錢應該為買賣而用，不應該為酒精。」而世界上最大的釀酒公司施格蘭釀酒公司的老闆卻是猶太人。猶太人對錢的觀念自有所持，特別是猶太商人，他們認為「金錢無姓氏，更無履歷表」。他們不像有些國家和民族那樣，把錢分為「乾淨的錢」或「不乾淨的錢」。厚黑商人們認為，不管是透過什麼方式，什麼途徑，只要是透過自身辛勤勞動賺來的錢，都是心安理得的。因此，厚黑商人透過千方百計的經營，盡量賺取更多的錢，不管這些錢是農夫賣出了產品得來的，或是賭徒贏來的，還是知識分子腦力勞動得來的，都是收之無愧，泰然處之。

賺錢有術的厚黑商業大師數不勝數，以放款厚黑發跡的亞倫就是典型的一例。

這位移居英國的猶太人從打工開始，用積蓄的一點小錢做些小生意。由於生意的擴大，他需要資金周轉，不得不向錢莊或銀行借錢。他在自己的經驗中發覺，向別人借錢的代價實在太高，往往與商業經營獲得的利潤相差無幾。他想，自己辛辛苦苦經營全為銀行賺錢，而且風險比銀行還大，倒不如自己從事放款業務划算。幾年後，他開始了放款業務。他一邊維持小生意的經營，一邊抽出部分資金貸給急需用錢的人。另外，他又從銀行貸來利率相對較低的錢，以較高的利率轉貸給別人，從中賺取差額利潤。有些等錢應急的公司或個人，寧願以月息二十%借貸，這樣，等於一元放貸一年可收回二十四元，其報酬率比投資做買賣更能賺錢。亞倫正是盯著這個賺錢的路子，才迅速走上厚黑發跡之路。這個厚黑商人六十三歲逝世時，留下的錢財是當時英國首屈一指的。

猶太商人的賺錢行動，有一個看似簡單卻很難做到的特點，他們對顧客總是一視同仁，而不帶一絲成見。在猶太人看來，因為成見而壞了可以賺錢的生意，簡直是太不值得了。

猶太人散居世界各地，對各國人他們都視為同胞。無論是住在華盛頓、莫斯科或倫敦等地，猶太人之間都經常保持密切的聯繫。

要想賺錢，就得打破既有的成見，這是猶太人厚黑經商得出的訓示，就像金錢沒有骯髒和乾淨之分似的，猶太人對賺錢的物件也是不加區分的。只要能賺錢，達成生意協定，能從你的手中得到錢，就可以做。在厚黑商人的腦海裡，在進行貿易往來時，無論你是美國人還是俄國人；無論你是歐洲人還是非洲人，只要你和他的這筆交易能給他帶來利潤，他就可以和你交易。

在猶太人觀念中，除了猶太人外，不管是英國人、德國人、法國人或義大利人等，一律被稱之為外國人。為了賺錢，不管你是哪一國的人，主張何種主義，信仰何種宗教，都是他們交易的物件。他們絕對不會因為對方是異教徒或者是黑人而放棄一筆能賺錢的生意。

猶太商人認為要賺錢，就不要顧慮太多，不能被原來的傳統習慣和觀念所束縛。要敢於打破舊傳統，接受新觀念。也就是說要想賺錢，就要打破成規。試想一下，如果因為和對方的思想意識不同，自己在原來成見的作用下，主動放棄了一次賺大錢的機會，豈不是太可惜，太不值得了！我們知道，金錢是沒有國籍的，所以，賺錢就不應當區分國籍，為自己設置賺錢的種種限制。又厚又黑的猶太商人很早就認清了這點，所以他們很團結，結合在一起共同賺外國人的錢，這就是他們成功的原因所在！

猶太商人認為金錢是沒有性質的，所謂的性質是人自己主觀強加給金錢的。如果說金錢在惡人手裡就是罪惡的，那麼讓善良的人把它賺回來就是善的了。猶太人認為，主觀區分錢的性質是件荒唐的事，那樣做不但浪費時間，又束縛思想。由於猶太人對金錢不問出處，這樣保證了他們的思想是完全自由的，絲毫不受世俗觀念的拘束。在他們眼裡，什麼生意都可以做，什麼錢都可以賺。

賺錢是商人的天職，沒有必要去考慮很多的東西。作為一個厚黑商人，他的任務就是賺錢，此外別的任何東西，都不過是用來賺錢的工具和手段而已。正是因為猶太人認識到了金錢的性質，所以，猶太商人在投機時，對於所借助的東西，是不存在任何感情的，只要有利可圖，且不是違法的事情，拿來用就是了，完全不必考慮過多。

猶太商人的目的就是賺錢，他們所信奉的就是做生意，獲得最大的利益。哈默就是突出的代表。在蘇聯剛成立時，世界上的資本家都不敢涉足於這個國家，只有這個猶太人「膽大包天」，與蘇聯做生意，在蘇聯發了大財。他也由此起步，成了二十世紀世界歷史上最富傳奇色彩的厚黑鉅賈。

2 不怕錢燙手，採用一切手段勝過別人

世間的事非常奇怪，越是人們認為不可能的，做起來越順當。

——塔木德

厚黑之士，往往唯利是圖。而猶太人以重視金錢而聞名，他們雖以宗教作為生活的依託，但他們從不輕視金錢。金錢在厚黑之士心目中非常重要，被看做是散發溫暖的「聖經」。可是猶太人並不嗜錢為命，他們在重視金錢的同時又是那麼輕視金錢。為什麼重視時帶點輕視？因為他們重視金錢並不是因為金錢本身的貨幣性質，而是重視賺取金錢的過程對於人生的實際意義。

這正是猶太人的精明之處，處於厚黑之中，又能跳出厚黑之外。

有許多猶太厚黑巨頭，他們手中掌握著數以百萬、千萬，甚至億萬的財富的時候，他們感覺手裡拿的不過就是一堆紙張而已，並不覺得這就是可以時刻給人帶來禍福安危的東西。如果他們把金錢看得很重，就不敢再那樣臉厚而心不跳地賺錢了，也不敢那樣向財富伸出黑手了。

要想賺錢，就絕對不能給自己增加心理的負擔，而是應該十分從容地、冷靜地對待，對金錢不感興趣自然賺不到錢，然而倘若把金錢看得太重也會讓自己背負沉重的包袱，這個時候，你所需要的就是徹底地忘掉金錢，不要再把它當做是負擔才好。

猶太商人注重金錢，認為金錢是現實中萬能的上帝，金錢在他們眼中顯得無比的神聖，但是在賺取金錢的時候，他們已經把金錢當做是一種十分普通的東西，就和紙張、石頭一樣，絲毫不覺得金錢有燙手的感覺。

猶太商人只把金錢當做是一種很好玩的物品，它在刺激著每一個人的神經去高度地投入它，人們投入資金的時候就是投入了一次次危險的但是有趣的遊戲，當這個遊戲勝利的時候，也是十分有意思的。如果不是把賺錢當做遊戲，而是看做一項沉重的工作，甚至是在拿命運做賭注的時候，心理的壓力會十分的強大，以至於人們不敢去冒風險。

猶太人這樣形容自己：在賺錢的時候你就進入了一個遊戲的世界，作為遊戲的參與者，你要不停地和對手進行較量和角逐，你要採用一切辦法和手段來勝過其他的人，你要超越所有的人才可以贏得最後的勝利。

著名的金融家摩根就是堅守這樣的賺錢觀念，即絕不讓賺錢變成一種沉重的負擔，而是一種新鮮刺激的遊戲，他認為只有以遊戲的心態去賺取金錢，才是好的賺錢心態。

摩根賺錢甚至達到癡迷的程度，他一直有一個習慣，每當黃昏的時候，他就到小報攤上買一份載有股市收盤的當地晚報回家閱讀，當他的朋友都在忙著娛樂的時候，他則說：「有些人熱衷於研究棒球或者足球的時候，我卻喜歡研究怎麼賺錢。」

在談到投資的時候，他總是說：「玩撲克的時候，你應當認真觀察每一位玩者，你會看出哪位是冤大頭，如果看不出，那這個冤大頭就是你。」他從來不亂花錢去做自己不喜歡的事情，他總是琢磨怎麼賺錢的方法。有的同事開玩笑說：「摩根你已經是百萬富翁了，感覺如何？」摩根的回答讓人玩味：「凡是我想要的東西而又可以用錢買到的時候，我都能買到，至於其他人所夢想的東西，比如名車、名畫、豪宅我都不為所動，因為我不想得到。」

他並不是一個為金錢而生活的人，他甚至不需要金錢來裝飾他的生活，他喜歡的僅僅是遊戲的感覺，那種一次次投入資金，又一次次地透過自己的智慧把錢賺回來的感覺，充滿了風險和艱辛，但是也頗為刺激，他喜歡的就是刺激。

厚黑商人經常這樣說：「金錢對我來說並不重要，而賺錢的過程，即不斷的接受挑戰才是樂趣，不是要錢，而是賺錢，看著錢滾錢才是有意義的。」

3 猶太商人的經商厚黑手段

錢不是罪惡，也不是詛咒，它是給予人們的一種祝福。

——塔木德

在歷史上，金錢曾被各個民族廣泛地看做一種罪惡或者至少是準罪惡的東西，但猶太人除外。精明厚黑到骨子裡的猶太人認為，賺錢是最自然的事，如果能賺到的錢不賺，這簡直是對錢犯了罪。

大財閥希爾斯正是厚黑商人的傑出代表，他的始祖名為邁耶・希爾斯，少年時在另一個成功的猶太商賈處當學徒。後來自立門戶經營古董商店，以貴族巨賈為推銷對象。在十八世紀後半期至十九世紀的動亂期間，因善於應變和經營，獲得了巨大的贏利。他的經商手法可以說是厚黑經商的典範，他的座右銘把厚黑學的思想表露得淋漓盡致。

厚黑商人嗜錢如命，為了賺錢，他們絞盡腦汁，甚至是不擇手段。

加利曾為一個貧窮的猶太教區寫信給倫貝格市一位有錢的煤商，請他為了慈善的目的贈送幾車皮煤來。

商人回信說：「我們不會給你們白送東西。不過我們可以半價賣給你們五十車皮煤。」

該教區表示同意先要二十五車皮煤。交貨三個月後，他們既沒付錢也不再買了。不久，煤商寄出一封措辭強硬的催款書，沒幾天，他收到了加利的回信：「您的催款書我們無法理解，您答應賣給我們五十車皮煤減掉一半，二十五車皮煤正好等於您減去的價錢。這二十五車皮煤我們要了，那二時五車皮煤我們不要了。」

對加利的厚黑經商手段，煤商憤怒不已，但又無可奈何。他在高呼上當的同時，卻又不得不佩服加利的聰明。

在這其中，加利既沒耍無賴，也沒搞騙術，他們僅僅利用這個口頭協議的不確定性，就氣定神閒地坐在家裡等人「送」來了二十五車皮煤。

這就是厚黑商人的賺錢高招。

厚黑之士愛錢，但從來不隱瞞自己愛錢的天性。所以世人在指責其嗜錢如命、貪婪成性的同時，又深深折服於他們在錢面前的坦蕩無邪。只要認為是可行的賺法，厚黑商人就一定要賺，賺錢天經地義，賺回錢才算真聰明。這就是猶太人經商厚黑學的高超之處。

4 聚財黑手無孔不入

不要害怕保持與其他人不同的立場。

——塔木德

善於鑽營、見縫插針、無孔不入，是厚黑商人的特點，在他們看來，任何時候都有賺錢的機會。

一個猶太職員在一家保險公司裡做得很出色，老闆打算提拔他擔任一個重要的職務。但是，這個老闆是個天主教徒，他希望這個猶太職員能夠放棄猶太教而改信天主教。於是，老闆請當地一個最著名的天主教神父去勸說這個猶太青年，而勸說的地方被安排在老闆的辦公室。

這位天主教神父與猶太職員談了整整三個小時。

當兩個人終於走出辦公室時，老闆趕緊迎上前去，問道：「尊敬的神父，在您的感召下，我想我們又增加了一名天主教徒，您是怎麼說服他的呢？」

誰知，神父尷尬地回答：「很遺憾，我們沒有能夠得到一位天主教徒，相反，他勸說我買下了五萬元的保險。」

儘管這只是一個笑話，但卻反映了猶太人的精明之處。猶太人無時無刻不想到賺錢。

於是，法國的思想家孟德斯鳩乾脆這樣評價猶太商人的賺錢能力：「記住，有錢的地方就有猶太人。」

厚黑商人對金錢有著本質上的認識。猶太商人，不管世界意識型態之爭如何激烈，打得如何難分難解、不可開交，一點也不會影響到他們經商賺錢的激情。

一九一七年，蘇聯剛成立時，世界上的許多資本家都視蘇聯為洪水猛獸，只有猶太人哈默獨闢蹊徑、膽大包天地跑到蘇聯做鉛筆生意，結果在蘇聯發了大財。

哈默是位有魔力的「厚黑鉅賈」，是世界公認的「萬能商人」，他曾受到列寧的親切接見，與赫魯雪夫、勃列日涅夫建立了友誼；與利比亞國王是莫逆之交；與美國總統羅斯福、艾森豪、甘迺迪、尼克森都有密切的關係。

這就是猶太人對於金錢的認識：金錢沒有國界，也沒有政治派系的差別，哪裡能賺錢，他們就往哪裡跑。

有一個猶太富翁菲勒，在他七十七歲的時候，死神降臨了。

但是，就在即將歸西的時候，菲勒依然想著怎樣賺錢。

臨死前，他讓祕書在報紙上發布了一個消息，說他即將去天堂，願意給失去親人的人帶口信，每人收費一百美元。

這可真是一則荒唐的消息。但是，這則消息竟然引起了無數人的好奇心。結果，菲勒竟然賺了十萬美元。

菲勒的遺囑也十分特別。他讓祕書再登一則廣告，說他是一位禮貌的紳士，願意和一位有教養的女士共居一個墓穴。

結果，真有一位貴婦願意出資五萬美元和他一起長眠。

「愛財如命」的猶太商人真不愧為經營高手，即使在臨死前都能輕輕鬆鬆地賺上十五萬美元。因為在厚黑商人的眼裡，上帝是萬能的神，而金錢則是上帝。崇拜上帝、敬慕上帝是他們生命中不可缺少的，那麼金錢就是上帝賜予的禮物。

還有一個例子，說的是猶太商人羅恩斯坦，利用自己的美國國籍作為資本，為自己做成了一筆大生意。

施華洛世奇家族是奧地利的一個世家望族，世代相傳從事水晶飾品的生產。在第二次世界大戰結束時，奧地利被盟軍占領，法軍當局要沒收施華洛世奇公司，理由是在大戰中，該公司曾接受納粹德國的訂單，為德軍生產了望遠鏡等軍用物資。

這時，有個叫羅恩斯坦的美國籍猶太商人正在奧地利，他得知此事，立即趕到施華洛世奇公司，提出他可以去和法軍交涉，設法阻止法軍沒收施華洛世奇公司。他開出的條件是：如果交涉成功，施華洛世奇公司必須把公司產品的銷售權讓給他，並且在他有生之年，他有權從銷售總額中提取十%作為報酬。

羅恩斯坦提出的條件無疑是非常苛刻的，但是他能提供的幫助卻關係著施華洛世奇公司的存亡。施華洛世奇公司沒有別的選擇，只能接受羅恩斯坦的條件。

羅恩斯坦與施華洛世奇公司簽好了協議，馬上趕往法國司令部，鄭重申述：「我，羅恩斯坦，是美國公民，我剛與施華洛世奇公司達成協議，從即日起，這個公司已經成為我的公司。因而，施華洛世奇公司現在已屬於美國的財產，法軍無權對它進行處置。」

此時，面對既成事實，法軍無可奈何，只好放棄沒收的計畫。羅恩斯坦馬上設立了施華洛世奇公司的銷售代理公司。這家代理公司並沒有進行實質性的銷售活動，就是開開發票而已，以此來確保十%的銷售額能成為羅恩斯坦的利潤。

由此可見，猶太人對金錢幾乎到了頂禮膜拜的程度。在二千多年的流浪歷史中，他們沒有自己的土地，也沒有自己的國家，他們只能在異國他鄉寄居生存。他們在各個集團，各個行業，甚至各個國家之間活動。他們唯一能掌握的便是透過商業經營而賺來的錢。

5 放下臉面，只要能賺錢就不怕丟人

金錢讓說壞話的人舌頭發直；金錢讓舉起屠刀的人呆立發愣；金錢為神購買了禮物，敲開了神那緊閉的門。

——塔木德

厚黑商人，厚中有黑，黑中有厚，厚黑相生。

厚就是臉皮要厚，譏諷、嘲笑、辱罵皆不在意，一心一意朝著心裡想的目標去做。身處商場，臉皮太薄當然不行，自尊過頭，難以立足商業圈。猶太商人就是把厚黑經商之道發揮到極致的典範。

猶太商人的賺錢觀念很簡單，那就是只要是運用自己的勞力賺來的錢，就是高貴的錢，沒必要在乎別人的眼光。因此，在許多人看來很低賤的工作，諸如資源回收、扛麻袋等活兒，在猶太商人看來，一樣是獲得財富的工作。猶太人認為，「金錢無姓氏，更無履歷表」。透過經營賺來的錢，都是乾淨而高貴的錢。因此，猶太人在面對各種困難的時候，都能放下面子，厚著臉皮，千方百計地透過自己的雙手和鑽營，來賺取更多的金錢。

伊拉克猶太人哈同於一八七二年來到中國上海謀生。當時，哈同年僅二十四歲，年輕力壯的他除了一身的力氣外，幾乎一無所有。但是，哈同卻立志在中國賺到足夠的金錢。

沒有資本，沒有知識，也沒有技術，要如何賺到錢呢？哈同首先想到的是自己的身體。不久，身材魁梧的哈同就在一家洋行找到了一份看門的工作。

看門是許多人不願意幹的活兒，許多人認為那是丟人現眼。但是，哈同卻不這樣認為。在他看來，看門賺來的錢是一種報酬，沒有丟臉和失身分的感覺。另外，哈同認為，「千里之行始於足下」，先在這份工作上找到立足支點，然後透過自己的努力奮鬥積蓄力量，最後總會找到更能賺錢的方法。

抱著這種態度，哈同在當看門工時，非常認真，忠於職守。他利用一切可用的時間閱讀各種經濟和財務的書籍，使自己的知識豐富起來。老闆覺得哈同工作出色，腦子靈活，就把他調到了業務部門當辦事員。哈同一如既往努力工作，努力學習，工作業績一直不錯。後來，哈同又逐步被提升為行務員、大班等。這時，哈同的收入也在不斷增加。

但是，哈同並沒有滿足於此。他認為，自己創業的時機到了。

一九〇一年，哈同離開了為人打工崗位，開始獨立經營商行。

哈同自辦的商行取名為「哈同洋行」。為了賺取更多的錢，哈同先以經營洋貨買賣為主。因為，哈同看到洋貨在中國市場上的競爭品不那麼多，消費者難以「貨比三家」。這樣，他的經營獲得了高額的利潤。沒幾年，哈同就賺取了巨額的財富。

對金錢的態度也反映了一個人對待人生和事業的態度，只有在任何時候都不好高騖遠的人，才能腳踏實地地為成功打下堅實的基礎。反之，不但不能得到大財富，小財富也會與之擦肩而過。

讓我們來看看厚黑商人洛克菲勒是如何對待賺取一美元的態度，你就會明白厚黑之人為什麼能輕而易舉地獲取財富。

一個晴朗的夏天，洛克菲勒正在一個火車站候車室候車，他衣著隨便、滿臉疲態，看上去像個貧窮的老人。

一輛火車進站了，洛克菲勒正起身走向剪票口。

這時，候車室門口出現了一位衣著華麗的太太，她提著一只很大的箱子，顯然也是要趕這班列車。可是，箱子實在太重了，累得她直喘氣。

這位太太看到了洛克菲勒，就衝他大喊：「喂，老頭，快給我提箱子，我待會兒給你小費！」

洛克菲勒就幫這位太太拎箱子。

兩人一起上了火車，這位太太遞給洛克菲勒一美元小費，慶幸地說：「要不是你，我非誤車不可。謝謝你！」

洛克菲勒並不推辭，微笑著伸手接過。

這時，列車長走了過來，對洛克菲勒說：「您好，尊敬的洛克菲勒先生，歡迎您乘坐本次列車，如果有需要幫助的地方，我很樂意為您效勞。」

「謝謝，不用了，我只是剛剛做了一個為期三天的徒步旅行，現在我要回紐約總部。」洛克菲勒客氣地回答。

「什麼？洛克菲勒！」這位要求洛克菲勒提箱子的太太驚叫起來，「上帝，我竟讓石油大王洛克菲勒先生給我提箱子，居然還給了他一美元小費，我這是在幹什麼啊？」

於是，她忙向洛克菲勒道歉，並誠惶誠恐地請洛克菲勒把那一美元小費退給她。「太太，妳不必道歉，妳根本沒有做錯什麼。」洛克菲勒微笑著說道，「這一美元，是我賺的，所以我收下了。」說著，洛克菲勒把那一美元鄭重地放在了口袋裡。

億萬富豪竟然願意為他人提箱子，並願意接受他人給付的一美元小費，這不得不讓人肅然起敬。人們的想法也許會有很多，但是，這難道不表示了猶太人對於金錢的態度嗎？猶太商人不管自己是什麼身分，不管用什麼方式賺取金錢，不管獲得的金錢是多麼微薄，只要是自己的付出獲得的，並沒有什麼丟人的，根本不用在乎別人怎麼想，心安理得享受賺錢的樂趣就好了。

6 賺錢一定要機伶

聰明的人不會特意到大路上去拾金子。

——塔木德

厚黑經商必須做到頭腦靈活，反應快速，只有這樣，才能做到厚而無形，黑而無色的境界。商場是鬥智最激烈的地方，只有頭腦卻不知靈活運用的人終究難逃喪命於虎口的厄運。

一個猶太富翁病入膏肓，死期將近。但是，兒子卻在千里之外，身邊只有一個奴僕照顧。為了防止奴僕攜帶自己的財產逃跑，富翁便口述遺書，讓人筆記：

「我將悉數財產留給送達此遺書至你處的忠實奴僕；我兒尤第雅，你可由我之所有物中選擇一項。」

猶太富翁不久死去，奴僕得了財產，興沖沖將遺書拿去給拉比看，然後和拉比一起去見富翁的兒子。拉比對富翁的兒子尤第雅說：「你父親已將財產送與奴僕，你只能取其中一件東西，你自己選擇吧！」

尤第雅毫不猶豫地說：「我選擇這個奴僕。」

因此，尤第雅既擁有了奴僕，又擁有了財產。

這就是機伶。

在經商過程中，機智更是度過難關、反敗為勝、絕處逢生的利器。

十九世紀中葉，美國加州傳來發現金礦的消息。許多人認為這是一個千載難逢的發財機會，於是紛紛奔赴加州。

十七歲的小農夫亞默爾也加入了這支龐大的淘金隊伍，他和大家一樣，歷盡千辛萬苦，趕到加州。

淘金夢是美麗的，做這種夢的人很多，而且還有越來越多的人蜂擁而至，一時間加州遍地都是淘金者，而金子自然越來越難淘。不但金子難淘，而且生活也越來越艱苦。當地氣候乾燥，水源奇缺，許多不幸的淘金者不但沒有圓致富夢，反而葬身此處。小亞默爾經過一段時間的努力，和大多數人一樣，不但沒有發現黃金，反而被飢渴折磨得半死。

一天，望著水袋中一點點捨不得喝的水，聽著周圍人對缺水的抱怨，亞默爾突發奇想：淘金的希望太渺茫了，還不如賣水呢。

於是，亞默爾毅然放棄對金礦的努力，將手中挖金礦的工具變成挖水渠的工具，從遠方將河水引入水池，用細沙過濾，成為清涼可口的飲用水。然後，他將水裝進桶裡，挑到山谷一壺一壺地賣給找金礦的人。

當時，有人嘲笑亞默爾，說他胸無大志：「千辛萬苦地到加州來，不挖金子發大財，卻做起這種蠅頭小利的小買賣。這種生意哪兒不能做，何必跑到這裡來？」

亞默爾毫不在意，不為所動，繼續賣他的水。

結果，淘金者都空手而歸，而亞默爾卻在很短的時間內靠賣水賺到了幾千美元，這在當時是一筆非常可觀的財富了。亞默爾以逸待勞的經商之術，真正詮釋了猶太人的精明之處。

機伶源於智慧，是智慧在非常狀態下的自然迸發。在經商過程中，錢在商人的荷包裡進進出出，但究竟是進得多出得少，還是出得多進得少？這就取決於商人的智慧——在關鍵時刻、關鍵問題的處理上是機伶還是愚鈍。

君子愛財，取之有道。有高招，才能賺大錢。

高招就是：做新的、做舊的、做別人沒有的、做女人的、做小孩的、做健康的、做長壽的、做好吃的、做好玩的、做舒適的、做人人需要的、做富人需要的、做老婆情人需要的、做政府集體需要的……，你盡可發揮想像力，在社會中尋找適合你的商機。

金錢永遠在市場領域裡流通，在愚鈍人面前晃一下就過去了，在機伶人面前想走都走不掉，這就是機伶與愚鈍的差別。

一個厚黑商人無論在什麼情況下，都能發現致富的機遇，因為厚黑而無束縛，因為心黑而充滿賺錢欲望，動力十足；而對那些低財商者，任財富從身邊悄然溜走而毫無察覺。

7 保持飢餓感，主動出擊去賺錢

一個沒有翻譯出來的夢，就像一封沒有拆開的信。——塔木德

厚黑經商學認為，在市場競爭中使自己像餓狼一樣保持飢餓感，就能對各種各樣的經營活動產生強烈的胃口，徹底消除自身的惰性，主動出擊，去開拓全新的市場領域。而猶太人有著極強的主動性，他們絕不會放過任何一次賺錢的機會。

猶太商人不怕賺不到錢，只怕缺乏積極主動的賺錢精神，因此他們敢於迎戰各種困難，相信只要自己付出，就會換來回報。

正因為猶太人具有積極進取的精神，所以每次遇到困難時，猶太商人總能設法把困難、挫折與阻礙轉換為積極向前的因素，從而克服困難。

猶太人對於個人的事業同樣充滿著積極進取精神，他們具有敢於觸碰困難的勇氣，敢於向厄運挑戰。正是這種精神，使許許多多的猶太人在各個領域中出人頭地，業績卓著。

在商界中，無數猶太人成為行業之王，他們基本上都是憑著積極進取精神，兩手空空所創立。諸如連鎖經營先驅盧賓、金融巨頭金茲堡集團、報業大亨奧克斯、好萊塢老闆高德溫、地產大王里奇曼、石油大王洛克菲勒等，均是這樣創立他們的企業王國的。

約瑟夫．賀希哈是一位猶太人，出生在拉脫維亞的一個貧苦家庭。

一九〇八年，他隨父親遷到美國紐約市的布魯克林區漢堡特貧民區。但是，就在一家人還立足未穩時，一場火災殃及其家，一點可憐的家當連同簡陋的房屋一同化為灰燼。約瑟夫．賀希哈從此淪為在垃圾桶中尋找食物的小乞丐。

約瑟夫．賀希哈在流浪街頭時，每天撿拾別人廢棄的報紙和書，然後坐在街邊的石椅上看個不停。晚上，他就借助路邊的燈光閱讀撿來的書。

就是在這麼惡劣的環境下，約瑟夫．賀希哈慢慢地對書報上的經濟資訊、股市行情產生了興趣，他決心從股票方面發展自己的事業。

不久，他在愛默生留聲機公司找到了一份工作，賀希哈發現愛默生留聲機公司發行股票並經營股票，於是他潛心關注、研究公司的經營情況。

經過三年的艱辛努力，約瑟夫．賀希哈對股市運作規律早已爛熟於心。而且，靠節食縮衣、勤奮工作，他還積累了二百五十美元。就是這二百五十美元，使他成了一名獨立自主的股票經紀人。

到一九二八年，約瑟夫．賀希哈已經成為每月可以賺二十萬美元的股票大王了。一九二九年是約瑟夫．賀希哈最輝煌的一年，也是美國股市在歷史上最熱鬧的一年，幾乎全民都加入了股票買賣的行列。豐富的經驗已使賀希哈認定大雨和風暴即將來臨。於是，他果斷地將一九二八年末至一九二九年初大量買入的各類股票一分不留地拋售，得到了相當於原來投資十多倍的回報，他一下又賺了上億美元，成為當時赫赫有名的股票大王。

從約瑟夫．賀希哈的發跡史中我們可以看到，一個人要想賺錢，首先必須具有積極進取的精神，並細心觀察、認真學習、不畏困難，這樣才會有成功的希望和事業的輝煌。

最早聚居在迦南的猶太人，借地利之優勢，或倒買倒賣、或長途販運。

到所羅門王時期，猶太人已有自己的貿易船隊和國家艦隊，他們遠征印度，從那裡運回黃金和象牙、檀香木和寶石、猴子和孔雀。

後來，在各國統治者的驅趕追逐下，猶太人學會了在奔波的生活中去做生意，去賺錢。這讓猶太人不僅熟悉了世界各國的市場行情，而且使他們結交了天南地北的貿易夥伴。

再後來，隨著伊斯蘭教與基督教衝突的產生，歐洲、亞洲、非洲之間的貿易一度中斷。但是，失去祖國的猶太人卻能夠不顧宗教與文化的樊籬，發現一個又一個的商機，賺取一筆又一筆的利潤。

美洲新大陸被發現後，猶太人就開始移居那裡。一個世紀後，猶太人就控制了新大陸殖民地的貿易，絕大部分的進出口都掌握在他們手中。

儘管猶太人長期沒有自己的國家，但是這卻使得他們成為了「世界公民」。他們到處流浪，到處經商，這種主動出擊去賺錢的意識讓猶太人成為了世界商人。

8 善於精明算計的厚黑之術

要相信你自己的判斷，任何人的意見都不十分可靠。

——塔木德

世人佩服猶太人的智慧。猶太商人在貿易、實業、金融、投資等領域的成功，使得我們總想探究他們的神祕智慧。而智慧這個詞是很難界定的，它與知識肯定不是一回事。猶太人尊重知識，為了獲得知識，他們非常重視教育，在《塔木德》中有這樣的話：「寧可變賣所有的財產，也要把女兒嫁給學者。」「為了娶得學者的女兒，就是喪失一切也無所謂。」

對知識的無限渴望，將知識視作財富，或許是猶太民族成為世界優秀民族的重要原因。不過，話又說回來，知識固然是劫不走的財富，但它畢竟不是真正的實實在在的財富，要將知識轉化為實在的財富就要靠智慧，智慧大概可以看做是運用知識，掌握適應，駕馭知識的能力。如果你是個窮光蛋，也沒有讀過什麼書，但你能夠靠自己的本事一夜成為富翁，猶太人肯定會對你佩服得五體投地，因為他們認為你真正擁有了賺錢的智慧。

(1)錢是賺來的

立足於賺而不是攢，是猶太商人獨有的經營哲學，這裡有一則笑話可供證明。

卡恩站在百貨公司的前面，目不暇接地看著形形色色的商品。他身旁有一個穿戴得很體面的紳士，站在那裡抽著雪茄。卡恩恭敬地對紳士說：「您的雪茄很香，好像不便宜吧？」

「二美元一支。」

「好傢伙！您一天抽多少呀？」

「十支。」

「什麼時候開始抽的？」

「四十年前就抽上了。」

「什麼，您仔細算算，要是不抽菸的話，那些錢不就足夠買這幢百貨公司了嗎？」

「那麼說，您也抽菸了？」

「我才不抽呢！」

「那你買下這家百貨公司了？」

「沒有啊！」

「告訴您，這一幢百貨公司就是我的！」

誰也不能說卡恩沒智慧，他帳算得很快，一下子就計算出每支二美元，每天十支，十年的雪茄錢可以買一幢百貨公司；另外，他勤儉持家，並身體力行，從來沒有抽過一支二美元的雪茄。

然而，根據我們前面得出的結論，誰也不能說卡恩有「活智慧」，因為他雪茄沒抽上而百貨公司也沒賺下，不得不對紳士表示恭敬。

卡恩的智慧是死智慧，紳士的智慧才是活智慧，錢是靠錢生出來的，不是靠對自己苛刻賺下來的！

猶太商人有白手起家的傳統，至今世界上有名的猶太富豪中有不少人充其量不過二、三代人的歷史。但猶太商人沒有靠賺小錢積累資本的傳統。

(2)精明是賺錢的第一要素

氣定神閒、心平氣和當然是厚黑商人的化境。不過，厚黑商人的基本要求之一便是「工於算計，長於精明」，這或許是做商人的起點，但實在又是成就商人的關鍵因素。世界各國各民族中都不乏精明之人，這是肯定的。但對精明的態度卻大不一樣。

使猶太商人得以精明並越來越精明有諸多原因，其中有一個極為重要且獨具猶太特性的因素，是猶太人包括猶太商人對精明本身的心態。

中國人不可謂不精明，能精明到發明「大智若愚」的程度，可以說精明已臻於極境。然而，正是從「大智」需要「若愚」可以反窺出在一般人的心態中，精明只像一種上不了臺面的丑角，在實際生活中被或多或少賦予了貶義。

而猶太人則不同。猶太人不但極為欣賞和器重推崇精明，而且是堂堂正正地欣賞、器重、推崇，就像他們對錢的心態一樣。在猶太人的心目中，精明似乎也是一種自在之物，精明可以以「為精明而精明」的形式存在。這當然不是說，精明可以精明得沒有實效，而是指除了實效之外，其他的價值尺度一般難以用來衡量精明，精明不需要低頭垂首地在宗教或道德法庭上受審或聽訓斥。下面這則笑話可以說最為生動而集中地展現了猶太人的這種厚黑心態。

美國和蘇聯兩國成功地進行了載人火箭飛行之後，德國、法國和以色列也聯合擬訂了月球旅行計畫。火箭與太空艙都製造就緒，接下來就是挑選太空飛行員了。

工作人員先問德國應徵人員，在什麼待遇下才肯參加太空飛行。「給我三千美元，我就幹。」德國男子說，「一千美元留著自己用，一千美元給我妻子，還有一千美元用做購房基金。」

接下來又問法國應徵者，他說：「給我四千美元。一千美元歸我自己，一千美元給我妻子，一千美元歸還購房的貸款，還有一千美元給我的情人。」以色列的應徵者則說：「五千美元我才幹。一千美元給你，一千美元歸我，其餘的三千美元雇德國人開太空船！」

猶太人不需從事實務而只須擺弄數字，就可以白拿一千美元，還可以送工作人員一千美元的人情，這種精明的思維邏輯正是猶太商人經營風格中最顯著的特色之一。

令人意外的是，這不是其他民族對猶太人出眾的精明的一種刻薄諷刺，而是猶太人自己發明的笑話。

平心而論，猶太人並沒有剝削德國人，德國人仍然可以得到他開價的三千美元。至於猶太人自己的開價，既然允許他們自報，他報得高一些也無可非議，怎麼安排純屬他個人的自由，就像法國人公然把妻子與情人經濟上一視同仁一樣。所以，在這則笑話中，猶太飛行員的精明也沒有超越出「合法」的界限。

而且說實話，僅就結果而言，任何一國的飛行員要是處於這種「白拿一千美元」的位置上，都會感到滿意的。但無論在笑話中還是現實生活中，他們都不會提出這樣的要求，甚至連想也不會想到，因為這種「過於直接的精明」在潛意識層次就被否定了：他們會為自己的精明成精而感到羞愧！

但從這則笑話本身來看，我們絲毫感覺不到猶太人有為自己精明得「過分」而羞愧的意思，只有一種得意，一種因為自己動出了如此精明甚至精明得無法實現的念頭而「洋洋自得」的心情。至於是否「過於直接」，這種考慮絲毫不能影響他們的精明盤算，更不能影響他們對精明本身的欣賞。他們把精明完全看做一件堂堂正正，甚至值得大肆炫耀的東西！可以說，對精明自身的發展、發達來說，沒有什麼東西比這種坦蕩的態度更為關鍵、更為緊要了。猶太商人可以說就是在為自己卓有成效的精明開懷大笑聲中，變得越來越精明的！

猶太民族的笑話大多都是精明的笑話，而現實生活中的猶太商人更多的是精明之人，而且還是同樣對精明持這種坦蕩無邪態度的精明之人。

9 厚黑經商之道：現金主義

身體依靠心而生存，心則依靠錢色而生存。

——塔木德

厚黑之士都是功利主義的忠實信徒，他們講求實際利益，而不為虛幻縹緲所誘惑。正如猶太人所說：「看得見摸得著的實惠才是真正的實惠。」猶太商人有一特點，那就是崇尚現金主義，所謂與厚黑之士是千載同調。

奧地利的硝煙散盡之後，皇帝想要犒勞那些在戰鬥中英勇無畏的人們。當不同職業、不同民族的人們到來後，皇帝說：「說出你們的願望來，我將以此獎賞你們，我的了不起的英雄們。」

「把波蘭歸還我們吧！」一個波蘭人嚷道。

「它是你們的了！」皇帝應道。

「我是個農夫，我要土地！」一個可憐的農民叫道。

「土地是你的了！」皇帝應道。

「我想要個啤酒廠。」德國人說。

「給他一個啤酒廠！」皇帝下了命令。

最後輪到了一個猶太士兵。

「年輕人，你想要什麼？」皇帝微笑地問道。

「如果可能的話，陛下，我想得到一條非常漂亮的青魚。」猶太人怯生生地嘀咕著。

「哎呀呀！」皇帝叫道，聳了聳肩，「給這個人一條青魚！」

皇帝離開以後，那些英雄們圍住了猶太人。

「你多傻啊！」他們責怪他說，「想想看，當一個人想要什麼就能得到什麼的時候，你卻只要了一條青魚！你也太辜負皇帝的美意了吧？」

「我們倒是看看誰是傻瓜！」猶太人回敬道，「你們要波蘭的獨立，要農場，要啤酒廠，這些東西你們根本不太可能從皇帝那裡得到。而我呢，我是一個現實主義者，我要一條青魚，也許我就能得到。」

由此可以看出，猶太人是非常注重實際的，他們認為，做人就要實際，能得到什麼要什麼，千萬不要過於貪心，貪心了反而什麼都得不到。一個人只有合理定位自己，才能夠獲得自己想要的東西。

而在商業中，在猶太商人的眼裡唯有現鈔是最實在的，這叫現鈔主義。猶太商人的現鈔主義的生意經，在日常生活及交往中表現得特別明顯。

如果你在做生意時與猶太商人打過交道，也許就明白他們對交易方的評價。他們的心中關心的是「那個人今天究竟帶來了多少現款？」

更令人驚訝的是，他們對公司的評價往往是：「那個公司，今天換成現款，究竟值多少？」

猶太商人關心的是現金，力求把一切東西都「現金化」，因而他們做生意時力求現金交易。猶太商人認為，縱然交易的對方，在一年後確能變成億萬富翁，亦難保證他明天不發生變故。與其把商品賒銷出去，擁有一大堆的欠款，不如拿到實實在在的鈔票。

同樣，猶太商人對銀行存款也不太感興趣。在猶太商人眼裡，銀行存款雖然有利息，但是利息是微乎其微的，而且利息的增長幅度還不如物價上漲速度快。而且，銀行存款還需要繳納財產繼承稅什麼的，總沒有現金來得安全和可靠。

確實如此，在錯綜複雜的社會中，有誰能知道明天是怎樣的？在這個世界上，人、社會及自然，每天都在變，唯一不變的只有現金，這是猶太商人的精明。

對於猶太商人而言，不減少就是不虧本的最起碼條件。記住猶太商人的現金至上原則，是經商中最簡單、最實用的方法。不管你是誰，想做什麼樣的生意，在這一點上多做嘗試，就會減少許多不必要的麻煩和痛苦，至少也得堅持定期收款的原則。

10 動手賺錢不問出處

生而貧窮並無過錯，死而貧窮才是遺憾。尤其是終其一生，無力消除貧窮創造財富，更是無可寬恕的。

——塔木德

厚黑之術之所以威力巨大，是因為它不會被許多虛幻的規則所束縛。同樣在經商活動中，厚黑商人對生意對象總是一視同仁，不帶一絲成見。在他們看來，因成見而壞了賺錢的生意，簡直愚蠢至極。

猶太人散居世界各地，雖然他們也有國籍之別，但是他們都自視為同胞，而且他們之間都經常保持密切的聯繫。猶太人在經商過程中的寶貴經驗：貿易之中無成見；要想賺錢，就得打破既有的成見，就像金錢沒有骯髒和乾淨之分一樣。猶太人對交易的對象也是不加區分的。只要能賺錢，達成生意協定，能從對方的手中得到錢，就可以做。在猶太人觀念中，除了猶太人之外，一律被稱為外國人。為了賺錢，不管哪國人，都是他們交易的對象。他們絕對不會因為交易對象的宗教信仰、膚色、社會性質而放棄一樁能賺錢的生意。

猶太人聰明地認識到：要賺錢，就不要顧慮太多，不能被原來的傳統習慣和觀念所束縛；要敢於打破舊傳統，接受新觀念。眾所周知，金錢是沒有國籍的，所以，賺錢就不應當區分國籍，也不應為自己計畫賺錢的種類限制圈子。這也是猶太人的成功所在。

一方面，猶太商人在文化背景上就沒有受到禁欲主義束縛。猶太教中總體上從來沒有這方面的要求。猶太人生活也從未分化成宗教與世俗的兩大部分。猶太人在宗教節期間有苦修的功課，但功課完畢之後，便是豐盛的宴席，雖然無法和中國人相比（猶太人至今仍把「中國廚子」和美國工資、英國房子、日本妻子一起，列為理想生活的四大要目）。所以，那種和苦行僧般的不抽雪茄的生活方式，不是猶太商人的典型生活方式。

另一方面，從猶太商人集中於金融行業和投資回收較快的行業來看，他們本來就把注意力集中在「錢生錢」而不是「人省錢」上面。靠辛辛苦苦賺小錢的人是不可能有猶太商人身上常見的那種冒險氣質的。

這兩個因素的結合，使猶太商人的經營方式和生活方式形成了鮮明對照。在業務方面，猶太商人精打細算到了無以復加的地步，成本能省一分就省一分，價格能高一點就高一點。但在生活上，類似於每天吸二美元一支的雪茄十支，並不是什麼罕見的現象。像英國猶太銀行家莫里茨．赫希男爵那樣，在莊園裡招待上流社會人物，在歷時兩週的款待中，其他不說，光是狩獵遊戲中賓客射死的獵物就達一萬一千頭，這畢竟是不多見的。但即使節儉到冬天不生爐火的上海猶太商人哈同，也捨得以七十萬兩銀元修造上海灘最大的私人花園愛儷園，以取悅自己的愛妻。

猶太商人的這種生活方式，令同為當今世界著名商人的日本商人歎為觀止。猶太商人不管工作如何忙，對一日三餐從不馬虎，總留出時間，還要吃得很像樣，而且進餐時忌諱談工作。而日本商人的人生格言是：「早睡早起，快吃快拉，得利三分。」兩相對比，日本人大覺羞愧：「僅僅為得三文錢，就必須快吃快拉，這是何等貧窮的表現。」

對吃飯的態度只是對猶太人生活方式的一點表現。他們每週還要過那整整二十四小時不談工作甚至不想工作的安息日！因為猶太人是世界上最熟諳「平常心即智慧心」的道理的民族；猶太教靠尊重信徒的生理心理要求而保持住了他們的虔誠，猶太商人也同樣靠「尊重」自身內在的自然要求而保持住了自己經商時的平衡心理。常言道「利令智昏」，一個在利潤（工作）問題上拿得起放得下的商人，其智力才不會衰竭。

早期好萊塢巨頭之一，同樣白手起家的路易斯．塞爾茲尼在告誡其子大衛時說：

「過奢侈的生活！大手大腳地花錢！始終記住不要按你的收入過日子，這樣能使一個人獲得自信！」這已經成為好萊塢的經營原則。

對於一個商人來說，還有什麼比自信更為重要的呢？它能使你自己發揮原有的能力和才智，能使同伴增加信任，能使對手感到壓力。一個氣定神閒、心平氣和的商人，才像真正成功的商人。

而反觀我們，在賺錢時，總是特別注意錢的出處，開當鋪、收購垃圾、賣棺材之類的錢，往往被大多數人認為是骯髒的錢，規規矩矩地工作賺得的錢才是乾淨的錢。而在猶太人看來，錢是沒多大區別的，既然都是錢，我就可以賺，我關心的是錢，而不是錢的性質。把錢加以區分，是一件無聊透頂的事，既浪費時間又束縛思想。這是猶太商人的厚黑而務實的風格之一。

Chapter 2

詭計迭出，靈活善變精算計——猶太人厚黑經商謀略

我們唯一的財富就是智慧，當別人說一加一等於二的時候，你應該想到大於二。

——《塔木德》

厚黑學的最高境界是「厚而無形，黑而無色」，對於經商而言，厚黑商人在經商過程中，往往是詭計迭出，靈活善變，風捲殘雲之後，又不留絲毫痕跡。他們以心狠手快而著稱於世，看準機會就下手，不給對方留任何迴旋的餘地；他們精於鑽營，經商套路別具一格，往往能以最小的代價，謀取最大的利益；他們精通商場鬥智厚黑之術，永遠保持高度警惕，在給別人設置陷阱的同時，時刻關注著對手的舉動。猶太厚黑鉅賈哈默說：「我們是商人，只管做我們的生意，而生意就是生意。」正是這套獨特的經商哲學，使得猶太商人成了世界上最成功的商人。

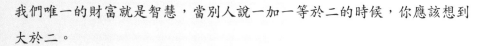

1 看準機會就出手

一位百發百中的神射手，如果他漫無目標地亂射，也不能射中一隻野兔。

——塔木德

厚黑之士，看準機會就出手，如同惡狼撲殺獵物一般迅雷不及掩耳，令人防不勝防。

厚黑商人在做生意時向來以眼明手快著稱，他們的精明家喻戶曉，他們善於從長遠考慮買賣問題，盯住時機，大膽出手，因此成就了一大批財富擁有者。

在猶太商人之中，摩根是一個典型的厚黑人物，他的厚黑手段也令人咋舌。摩根少年時代開始遊歷北美西北部和歐洲，並在德國哥西根大學接受教育。從哥西根大學畢業後，摩根來到鄧肯商行任職。摩根特有的素質與生活的磨練，使他在鄧肯商行幹得相當出色。但他過人的膽識與冒險精神，卻經常害得總裁鄧肯心驚肉跳。

一次，在摩根從巴黎到紐約的商業旅途中，一個陌生人敲開了他的房門：「聽說，您是做商品批發的，是嗎？」

「有何貴幹？」摩根感覺到對方焦急的心情。

「啊！先生，我有件事有求於您，有一船咖啡需要立刻處理掉。這些咖啡算是一個咖啡商的，現在他破產了，無法償付我的運費，便把這船咖啡當做抵押，可是我不懂這方面業務，您是否可以買下這船咖啡。很便宜，只是別人價格的一半。」

「這事很著急嗎？」摩根盯住來人。

「是很急，否則這樣的咖啡怎麼這麼便宜。」說著，拿出咖啡的樣品。

「我買下了。」摩根瞥了一眼樣品答道。「摩根先生，您這年輕人，誰能保證這一船咖啡的品質都與樣品一樣呢？」他的同伴見摩根輕率地買下這船還沒親眼見到品質的咖啡，在一旁提醒道。

這位同伴提醒的並不假。當時，經濟市場混亂，坑蒙拐騙之事，屢見不鮮。光在買賣咖啡方面，鄧肯公司就數次遭暗算。

「我知道了，但這次是不會上當的，我們應該履約，以免這批咖啡落入他人之手。」摩根相信自己，相信自己的眼力。

當鄧肯聽到這個消息，不禁嚇了一身冷汗：「這傢伙太心黑了，拿鄧肯公司開玩笑嗎？」

鄧肯這樣嚴厲指責摩根：「快去，把交易給我退掉，否則損失你自己賠償！」

摩根與鄧肯決裂了。

摩根決心一賭，在他父親的幫助下，摩根還了鄧肯公司的咖啡款，並經賣咖啡人的介紹，摩根又買下了許多船咖啡。

就在摩根買下這批咖啡不久，巴西咖啡遭到霜災，大幅度減產，咖啡價格上漲了二、三倍。而摩根的咖啡囤積居奇，出售價格翻出收購價格幾倍，摩根賺了個荷包滿滿。

商場厚黑學認為，商場猶如戰場，機會稍縱即逝。當其他民族的商人還在為了自己是否會顯得過於精明而瞻前顧後拿不定主意，甚至將那個精明的點子擱置一旁的時候，他們和猶太商人的距離就已經拉開了。所以，他們敗在猶太商人手下，這毫不奇怪。

商業上，今天就是最後一天，永遠不要等待明天，因為沒有人知道明天會是什麼樣子。等待只會作無謂的時間浪費，等待只會讓機遇悄悄溜走。只要認識到這一點，遍地都會是機遇，到處都會有財富。

2 痛下黑手，吞掉麥當勞

正確判斷時機和正直經營，這樣做生意就不會太難了。

——塔木德

厚黑之人往往能做非常之事，有非常之能，成非常之功。

猶太經商厚黑學認為，在特定的時間裡，各方面因素配合恰當，就會產生有利的條件，誰最先利用這種有利條件，誰就能更快、更容易獲得更大的成功，賺取更多的財富。這些有利條件便是機會，一個高財商的人懂得掌握這些得到財富的機會。

猶太人雷蒙·克羅克是世界上最大的「廚師」，他有全球最大的飯店——麥當勞速食連鎖店，每頓飯全球有幾億人在這個連鎖店同時就餐。麥當勞王國的建立，不僅是一種商業革命，它更是一種飲食文化上的革命。雖然它的創始人是麥當勞兄弟，而真正創建麥當勞速食王國的卻是雷蒙·克羅克。雷蒙·克羅克身上的光環實在太亮了，以至於麥當勞的創始人麥氏兄弟完全失去了光彩。

雷蒙·克羅克由一個推銷員出身，憑藉其敏銳的目光和超人的智慧，不但建立起了麥當勞王國，還推動了速食連鎖業的迅速發展。到二〇〇五年，麥當勞在全世界共擁有三萬多家分店。在世界五百強中名列第三百六十六位。

這個精明厚黑商人其苦心經營的一生始終堅持的哲學是：「一個人應該充分利用每一個落在頭上的機會。每一個人都要自己創造幸福，自己解決難題。」

克羅克早年家境貧寒，只上了一年高中就休學了。他在幾個旅行樂隊裡彈過鋼琴，又在芝加哥廣播電臺擔任過音樂節目的編導。

從一九二九年起，在隨後的二十五年中，克羅克一直從事推銷工作，先在佛羅里達州幫人推銷過房地產，後到美國中西部賣過紙杯。

作為推銷員，克羅克品嘗過太多失敗的苦澀。克羅克曾在《雷蒙．克羅克自傳》中這樣回憶那一段刻骨銘心的日子：「在佛羅里達推銷房地產失敗之後，我徹底破產，身無分文。那時，我沒有大衣，沒有風雨衣，甚至連一雙手套都沒有。我開車進入芝加哥穿過寒冷的街道回到家時，簡直要凍僵了。」

說起麥當勞，還應該提一下麥克和迪克兩兄弟，是他們首先開辦了這個事業。

麥克和迪克是一對猶太人兄弟，在聖伯丁諾市開了一家方便汽車司機用餐的速食店。透過對過去三年餐廳收入的研究發現，八十％的收入來自漢堡。

於是，麥氏兄弟開始對經營方式進行重大改革，主要銷售這種每個十五美分的漢堡，並採用自助式用餐，一律使用紙餐具，提供快速服務——這種令人耳目一新的漢堡小餐廳經營方式大獲成功！

隨後，麥當勞兄弟開始建立連鎖店，並親自設計了金色雙拱門的招牌。

到一九五四年，擁有十家連鎖店的麥當勞漢堡餐廳，全年營業額竟達二十萬美元。

雖然如此，目光短淺的麥當勞兄弟並未意識到自己的發明具有怎樣的價值，而目光敏銳的克羅克卻看到了這一產業的輝煌前景。

一九五四年的一天，克羅克作為經銷混乳機的老闆，發現麥氏兄弟在聖伯丁諾市開的這家餐館一次就訂購了八台混乳機。這麼大的購貨量讓克羅克震驚，他為了弄清楚這裡面的緣由，特地趕到了聖伯丁諾。

這家麥當勞餐廳，與當時無數的漢堡店相比，外表上似乎無太大的區別。但是，克羅克卻受到了強烈震撼。當時正是中午，小小的停車場裡擠滿了人，足有一五〇人之多，在麥當勞餐廳前排起了長隊。麥當勞的服務員快速作業，竟然可以在十五秒之內交出客人所點的食品——這種經營方式，克羅克可從未見過。

克羅克當即決定開辦連鎖餐館。

第二天，他就與麥氏兄弟進行洽談。麥當勞兄弟很快就答應給他在全國各地開連鎖分店的經銷權，但開出的條件卻頗為苛刻。

「一定要買斷麥當勞！」克羅克下了這樣的決心。

一九六一年年初，經過談判，麥氏兄弟答應出讓麥當勞的經營權。但是，麥氏兄弟開價驚人：「非二百七十萬美元不賣！」

其中，兄弟倆每人一百萬美元，交稅七十萬美元，而且還一定要現金！

克羅克感到怒不可遏，他放下電話強迫自己冷靜下來。他們明知他拿不出這麼多錢，才把價碼定得這麼高，其用心是很明顯的，就是不想讓克羅克擁有控制權。

克羅克經過再三考慮，最終答應了麥氏兄弟的苛刻條件。克羅克和他的天才財務長桑那本使出渾身解數，幾經周轉，終於借貸到二百七十萬美元，買下了麥當勞餐館的名號、商標、版權以及烹飪配方。

至此，美國的全部麥當勞速食店都歸於克羅克名下，雖然公司的名號仍叫麥當勞，卻與麥當勞兄弟不再有任何關係了。

這樣一來，克羅克終於可以放手大幹了，他把自己的那一套做法發揮得淋漓盡致。

到麥當勞求職的人十分踴躍。他們要經過嚴格的考核，大部分人被淘汰，只有那些最有潛力獲得成功的人才被錄用。麥當勞各分店的經理平均年齡三十五歲，他們大都在其他行業中表現出色，並且銀行帳戶上的數字很可觀。

克羅克的招聘指導思想是，為了阻止那些不稱職或才能平庸的人進入，公司將最初的現金投資額定得很高。

取得一家麥當勞分店的經銷權要花十一萬～十二．五萬美元，其中必須自備一半現金，另一半可以向銀行申請貸款。資金到位後，由克羅克派人選擇地點並建造餐館。當新的分店開張後，分店經理要將每月營業額的十一．五％付給公司，其中三％作為管理費，八．五％是租金。從表面上看，這些條件似乎苛刻了些，但實際上，分店經理還是能賺不少錢。

一家經營良好的餐館，在三～五年內就能賺回原來的投資額——麥當勞公司各分店的年營業額平均為四十三萬～五十萬美元，一個中等水平分店的經理每年可獲利五萬～七．五萬美元。

克羅克對優秀分店經理的最大獎賞，就是盡最大可能讓他們買到更多的經銷權。有些經理擁有四家、六家甚至八家餐館，所賺的利潤就頗為可觀了。

在麥當勞公司，許多分店經理成了百萬富翁。

克羅克成功的另一個祕訣，是他經營有方，他創造性地提出了經營麥當勞速食店的三項標準：「Q．S．C」，即Quality，Service，Cleanness，意思是「品質上等，服務周到，地方清潔」。這成了麥當勞區別於其他速食業的標誌之一。

一九八四年一月十四日，擁有億萬資產的富翁雷蒙·克羅克因心臟病復發，搶救無效逝世。但是他所創立的「麥當勞王國」為這位猶太人樹起了一座不朽的豐碑。在麥當勞公司總部的辦公室裡，懸掛著克羅克平生最喜愛的座右銘：「世上任何東西都不能代替恆心；『才華』不能，才華橫溢卻一事無成的人並不少見；『天才』不能，是天才卻得不到賞識者屢見不鮮；『教育』不能，受過教育而沒有飯碗的人並不難找，只有恆心加上決心才是萬能的。」

3 猶太人經商祕訣：從女人身上賺錢

永遠都能賺大錢的兩個關鍵：女人和嘴巴。

——塔木德

猶太商人認為，聰明的商人應該會施展這樣的賺錢術——賺女人的錢。當今社會畢竟還是以男人為主體，大多數情況下是男人在外面奔波賺錢，甚至忙碌到沒有時間花錢的地步，男人賺的錢都被女人花掉了。所以，雖然錢是男人賺的，開銷權卻掌握在女人手裡。因此，做生意一定要掌握這一點——只要撩撥起女人的購物欲，生意一定會成功！

女人和男人在花錢上有很大的區別：一般情況下，男人會花二元錢去買他所需要的東西；而女人則花一元錢去買價值二元錢但並不是她需要的東西。這個差異暗示著女人比男人能花錢，比男人會花錢。

因此，精明的厚黑商人認為，在做生意時候，讓女人掏腰包，遠比讓男人掏腰包要容易得多。

猶太人千百年來的經商經驗是，如果想賺錢，就必須先賺取女人手中所持有的錢。相反，如果經商者想清洗男人的錢，拚命「瞄準男人」，這筆生意很可能會失敗。因為男人的天職是賺錢，但能賺錢並不表示持有錢、擁有錢，家庭消費的權力大多還操縱在女人手中。在花錢方面多數男人還得聽女人的。

所以，無論是經營女用高級日用品，還是日常小雜物，只要是給女人準備的，一般都會有相當豐厚的利潤。商人只要稍稍運用聰明的頭腦，抓住有利的時機，以「女人」為對象來賺錢，鈔票必定會像長了腿似的自動跑進商人的荷包。

在那富麗堂皇的高級商店裡，那些昂貴的鑽石、豪華的禮服、項鏈、戒指、香水、手提包……無一不是等待著女性顧客。那些豪華商店乃至普通百貨公司所展賣的各種商品，均是女性產品占絕對統治地位。猶太商人就是瞄準了這個市場，獲得了比別人更大的贏利。

世界最有名的高級百貨公司「梅西」公司，就是猶太人施特勞斯親手創辦起來的，他在一小商店當店員時就注意到，顧客中女性居多，即使有男士，也是陪著女性來購物的，最後決定購買的還是女性。

施特勞斯根據自己的觀察和分析，認為做生意盯著女性市場前景更光明。當他積累了一點資本而自己經營小商店「梅西」時，就是以經營女性時裝、手提包、化妝品開始的。

經過幾年經營後，果然生意興旺，利潤甚豐。他繼續朝著這個方向，加大力度，擴大規模，使公司的營業額迅速增長。

施特勞斯總結了自己的經營經驗，接著開展鑽石、金銀首飾等名貴產品經營。他在紐約的「梅西」百貨公司，總共六層展銷鋪面，展賣時裝的占兩層，展賣鑽石、金銀首飾的占一層，展賣化妝品的占一層，其他兩層是展賣綜合商品的。可見，女性商品在「梅西」公司占了絕大多數。

施特勞斯經過三十多年的經營，把一間小商店辦成為世界一流的大公司，顯然與其選擇的女性目標市場有很大關係。

美國猶太商人基廷更是一個運用「女性生意經」的好手。

基廷在繁華的紐約五十四街開了一家百貨商店，應該說這裡的位置是比較好的，每天來往的人也很多，可是基廷的生意卻不好做，開業兩、三年，生意冷冷清清，這讓基廷大惑不解。善於動腦筋的他決定到那些生意好的地方去考察。

透過很長時間的觀察，基廷得出這樣的結論：平時光顧百貨公司的人中女性要占到八十%，即使有男人來商店，大多也是陪妻子或情人購物，很少單獨買東西。在這些女顧客中，白天來的大多是家庭婦女，晚上五點半以後來的是下班後的白領。

認識到這一點後，基廷決定將自己百貨商店的營業對象限定在女性身上。

為了儘可能地吸引女性，他將自己的營業面積全部用上，分別針對家庭主婦和上班的白領，把正常的營業時間一分為二，白天擺設家庭主婦感興趣的衣料、內褲、實用衣著、手工藝品、廚房用品等實用類商品。晚上則改變成一家時髦用品商店，將朝氣蓬勃的氣息帶到商店，以便迎合那些年輕的女性。光是襪子就陳列許多種，內衣、迷你裙、迷你用品、香水等，陳列的都是年輕人喜歡的樣式和花樣。凡是年輕女性喜歡的、需要的、能夠引起她們購買欲望的商品，他都盡量滿足，把它們擺在櫃檯上。在這裡，年輕女孩子喜歡的東西可以說是應有盡有。

基廷的新式經營方法，果然取得了很好的效果。來他商店的人越來越多，而基廷不久就遇到了這樣的問題：他的營業面積太小，如果完全模仿大百貨公司，做到各種花色品種都有的話，恐怕是不可能的。基廷面臨著一次選擇，不是維持現狀，就要向專業化方向發展，只經營一類商品。

他經過思索，決定將其他商品換下來，只經營襪子和內衣。

開始的時候，常來的顧客對這種經營方式不理解，但是，基廷相信自己的選擇是對的。不久，這間專門經營襪子和內衣的商店的名聲就傳開了。

許多購買襪子和內衣的女性都不約而同地到基廷的商店來。別的商店要賣二五〇日圓一雙的襪子，基廷盡量廉價進貨，然後用每雙二百日圓的價格賣出，同時將襪子的種類大量增加。基廷的專業經營法果然獲得了成功，兩個月後，襪子的銷售額增加了五倍，顧客也越來越多。

襪子的銷路獲得了成功，基廷如法炮製又打起了內衣的主意。他從法國進口了最流行的樣式，進行巧妙的宣傳。本來，在內衣樣式沒有什麼選擇的當時，一旦出現新款式，馬上就能引起流行。沒多久，基廷商店有「世界上最流行的內衣」的消息不脛而走，許多女性立即趕來先購為快。

其實，這種內衣和其他內衣相比，只是更加性感而已，但美國女人因為在家裡穿得比較暴露，這種內衣正好適應了吸引丈夫和男朋友的需要，一下子銷路大開。

基廷完全站在女性的角度上，使他的商店成為女性常來光顧的地方。不久，基廷就賺了大錢。現在，光分銷店就已經達到了一百多家。

猶太人從商者，有不少就是以女性為對象的，其主要原因就是他們相信這樣一條賺錢術——「讓女人動心就能有收穫，因為女人比男人能花錢」。

4 開拓利潤最大的「嘴巴市場」

人生就是為了吃飯而活著，要好好地享受吃飯的樂趣。

——塔木德

猶太厚黑經商學認為，「吃」是天下一筆最大的生意。

精明的厚黑商人認為，嘴巴的功能有二：一是說話；二就是吃飯。

猶太商人經過幾千年的摸索，得出「嘴巴市場」的結論。每個精於厚黑之道的商人，都必須掌握這樣一條賺錢術——善於從人的嘴巴裡挖錢！

猶太商人認為經營嘴巴生意絕對賺錢，他們正是利用「嘴巴生意」在異國他鄉站穩了腳跟。人總是需要連續地吸收能量，消耗能量。因此，作為有一定能量的食品，總是不斷地被消費，在吃完雪糕或炸雞腿幾小時後，人體內吸收的能量被消耗掉，又需要其他的能量商品。賣出的商品，通常當天就會被消費掉。這樣迅速就得到循環消費的商品，除了「嘴巴」，還能有什麼呢？人只要生存一天，嘴巴就要吃，就絕無停止消費的理由，因此無論是禮拜天或節假日，它也永不休息，命令主人把錢順從地送進商人的口袋裡。

日本漢堡店的創始人在一九七〇年代初期，與美國麥當勞速食公司合作，向日本人提供物美價廉的漢堡。在開始經營之前的調查研究中，他們發現許多日本商人都認為日本人習慣吃米飯，擔心漢堡不會有太大的市場。但是，猶太商人經過研究，指出日本人體質不好，身材矮小，和偏愛吃大米有很大的關係，並且他們又看到，美國漢堡店的速食效應正在席捲全球，未來將是速食的時代。基於這兩點，猶太商人認為，同樣是「嘴巴」的商品，在美國能暢銷，在日本應該也能走紅。再說，根據猶太人「嘴巴」生意經的觀點來看也絕對是賺錢的。只要經營下去，別人憑什麼說只會賠不能賺呢？

在這種情況下，這個猶太商人的漢堡店開業了。第一天，果不出所料，顧客盈門，利潤還大大超過這個猶太商人事先想像的程度。以後，利潤有如芝麻開花節節高，一連用壞了幾台世界上最先進的麵包機器，還是無法滿足顧客的消費要求。這個猶太商人利用「嘴巴」生意發了大財！

後來的情形當然是非常的樂觀了，這就說明，做「嘴巴」的買賣是正確的，因為人的生存首先就要解決吃飯的問題。

猶太厚黑經商學認為，任何一種生意，要想做好它，使它成功，光生搬硬套地去套用生意規則，這是遠遠不夠的，它還需要商人具備聰明的頭腦和深邃的洞察力，「嘴巴」生意也不例外。猶太人把「嘴巴」列為除「女人」以外的「第二商品」。

美國一位靠經營馬鈴薯致富的大企業家辛普洛特，是當今世界上一百位最有錢的富翁之一。

第二次世界大戰爆發後，辛普洛特獲知作戰部隊需要大量的脫水蔬菜。他認準了這是一個絕好的賺錢機會，於是買下了當時美國最大的一家蔬菜脫水工廠。

他買到這家工廠後，專門加工脫水馬鈴薯供應軍隊，從此以後，辛普洛特走上了靠馬鈴薯發家的道路。

一九五〇年代初，一家公司的化學師第一個研製出了凍炸馬鈴薯條。那時，有許多人都輕視這種產品。辛普洛特認為，馬鈴薯水分占四分之三還多，假如把它開發為具有潛力的新產品，即使冒點風險也值得，於是大量生產。果然不出所料，「凍炸馬鈴薯條」在市場上很暢銷，成為他獲利的主要來源。

後來，辛普洛特發現，「炸馬鈴薯條」並沒有把馬鈴薯的潛力徹底地挖掘出來。因為，經過炸馬鈴薯條的精選工序一分類、去皮、切條和光感測器去掉斑點，每個馬鈴薯大概只有一半得到利用，剩下的通常都被扔進了河裡。辛普洛特想，為什麼不能把馬鈴薯的剩餘部分再加以利用呢？

不久，他就把這些馬鈴薯的剩餘部分摻入穀物用來做牲口飼料，單單用馬鈴薯皮就飼養了十五萬頭牛。

一九七三年年底，石油危機爆發了，用替代能源代替石油是形勢的需要。辛普洛特瞄準了這個難得的機會，用馬鈴薯來製造以酒精為主要成分的燃料添加劑。這種添加劑可以提高汽油的燃燒值和降低汽油燃燒所造成的汙染，頗受用戶歡迎。

為了做到物盡其用，辛普洛特又用馬鈴薯加工過程中產生的含糖量豐富的廢水來灌溉農田，他還把牛糞收集起來，作為沼氣發電廠的燃料。

辛普洛特每年銷售十五億磅經過加工的馬鈴薯，其中有一半供應麥當勞速食店做炸薯條。如今辛普洛特究竟擁有多少財富，難以計數。

從上面的例子可以看出，猶太人善於做「嘴巴生意」，是最務實的賺錢方式。做好「嘴巴生意經」，就會使你財源滾滾。

5 越是流行的東西，越有錢可賺

三個猶太人坐在一起，就可以決定世界的命運。

——塔木德

厚黑學認為，厚黑之士最善於鑽營的是，他們善於尋找捷徑和契機，以靈活多變的厚黑謀略，贏得先機突破堅冰。

而猶太人把此詮釋得是如此巧妙。猶太人做生意，喜歡跟著流行的風氣走，甚至自己去創造一些流行的風氣，因為在他們看來，「越是流行的東西，越有錢可賺」，這也是猶太人精明經商之道。因此，他們常這樣做：巧妙利用人們「向上看」的心理去操縱流行趨勢。

猶太大富豪羅斯柴爾德發跡時，就是利用古錢幣讓其從上流社會中先流行起來，然後再逐漸普及於大眾中間的方式來製造流行的風氣。

此外，日本的漢堡大王藤田的發跡史也體現了這種流行觀。

猶太人藤田先生不僅靠漢堡大發其財，而且還做女人和小孩的生意，如鑽石、時裝、高級手提包等。在經商過程中，他首先把目標放在上流社會中有錢人的流行趨勢上，無論是鑽石的花樣、服飾的色彩還是手提包的樣式都是按照有錢人的喜好特設的。

結果，他的商品不僅暢銷，而且二十年來經久不衰，從來未發生過「流血大拍賣」的事。

當然，藤田先生之所以能戰勝競爭對手，並不是一味地模仿其他人的流行產品，因為每個地域的人們對流行的東西有不同的認識，還要善於從實際出發，靈活多變的厚黑經商之道，絕不是只知道選購在歐美最風行的服飾。因為歐美的服飾只適合那些金髮碧眼、身材修長的歐美姑娘，而日本的婦女黃皮膚、黑頭髮、個子矮小和那些服飾很不和諧。

有錢的人，即使錢再多，也不會拿錢去買不適合自己的東西。所以，那些只知其一不知其二的商人們，雖然片面地趕上了有錢人的時髦，但不具體分析問題，恐怕最終還是免不了虧本。

藤田先生的成功，並被稱為「銀座的猶太人」，恐怕與他靈活地運用猶太人的生意經有很大關係。

現代市場瞬息萬變，能夠把握一種流行趨勢實屬不易。所以，這就要求我們每一個生意人在做出任何一項決策前，必須仔細研究分析市場，既要能趕上潮流，還要超前於潮流。因為，人們的需求在不斷變化，市場也在不斷變化，今天暢銷的產品，也許明天就無人問津。就像跳舞一般，快於節奏或慢於節奏都不行。

我們再來看看牛仔褲的創始人李維．施特勞斯及他的後人是怎樣來引導流行的：「利惠公司（Levi's）」是一家猶太人經營的服裝公司，正是這家公司促成了服裝的一場革命——牛仔褲的風行。如今，「Levi's」這個名字已經進入英國詞典，公司的產品在國際上日益流行，因此公司的發家史，也幾乎成了神話般的傳說。

公司的創始人李維．施特勞斯本來並不是個服裝商，雖然服裝行業歷來是猶太人占支配地位的行業，一度美國男裝市場的八十五％、女裝市場的九十五％，都是由猶太人的服裝廠所生產。

李維．施特勞斯是個一八五〇年代的人。當時，美國加州一帶曾出現過一次淘金熱。年輕的李維．施特勞斯也去了加州，但為時已晚，從沙裡淘金已到了尾聲，但他卻從「斜紋布裡淘出了黃金」。

李維．施特勞斯去的時候，隨身帶了一大卷斜紋布，想賣給製帳篷的商人，賺點錢作資本。到了那裡才發現，人們不需要帳篷，卻需要結實耐穿的褲子，因為整天和泥和水打交道，褲子壞得特別快。

於是，從這卷斜紋布裡就誕生了Levi's的第一條牛仔褲。

十年以後，李維．施特勞斯又在褲子的口袋旁裝上銅鈕扣，以增強口袋的牢度。此後，李維．施特勞斯開始大量生產這種新穎的褲子，銷路極好，引得數以百計的其他服裝商競相仿效。此後，李維．施特勞斯的企業一直獨占鰲頭，每年約售出一百萬條這種褲子，營業額達五千萬美元。

老李維．施特勞斯是個單身漢，一九〇二年，七十二歲的李維．施特勞斯去世。他的「利惠公司」自此就由他妹妹的四個孩子接管。

四個外甥接下舅舅的公司之後，經營得不錯，公司不斷發展，業務範圍也隨之擴大，開始經營呢絨、褲子、毛巾、被裡、床單和內衣。到第二次世界大戰結束，這些商品的營業額已將近總營業額的一半。

一九四六年，老李維．施特勞斯的曾外孫瓦爾特．哈斯．耶爾決定出清其他一切庫存物品，不管划算不划算，把利惠公司（Levi's）的全部資金用於生產牛仔布料，這種由棉紗織成的布料，已獲得專利，專門為「利惠公司」生產。

哈斯不是一個理想主義家，有意識地想改變公眾的趣味或穿著習慣，也未曾預見到這個決定會引發一場社會革命。他只是做出了一項經營決策，更準確地說，他只是想「搏」一下，輸贏在此一舉，看新布料能否取勝。結果，他贏了，而且是極大的成功。

用新布料生產的牛仔褲特別有助於顯示出人的體形，充滿青春氣息，生產出來後就大受歡迎。一九五〇年代開始流行，進入六〇年代後更大行其道。

因為，六〇年代正是人口出生高峰，洋溢著青春氣息的牛仔褲自然極有市場；同時，六〇年代正好是個反叛的時代，傳統規範和價值觀念受到懷疑、抨擊和唾棄，而牛仔褲以其不拘形式這一最明顯的特點，成了最能體現時代潮流的服裝。

結果，牛仔褲不僅成了青年一代的制服，也成了一切想「混跡於」年輕人中的人所熱衷的服裝。更甚者，那些不想讓自己顯得保守古板的人都穿上了牛仔褲。最後，牛仔褲被一位總統穿進白宮去。

這場服裝革命從不同方向使服裝不但能顯示穿著者的身分，而且牛仔褲不分性別，男人、女人穿的完全一樣。牛仔褲也沒有新舊之分，甚至舊的更好。這本來是因為布料容易舊，但是公眾由於過於喜愛牛仔褲而把它的缺點一起喜愛上了。服裝史上第一次出現了「生產舊褲子，甚至破褲子」的工廠，那經過磨損、退色和打過補丁的牛仔褲，一副破相，卻更好銷，價格也更高。

在猶太經商學看來，凡是最流行的，就越有利可圖。因此你只要有心注意市場上的流行趨勢，就能賺足了錢。猶太商人的這種「流行賺錢法」主要有：一是先入一步；二是超人一招；三是做足宣傳；四是善於行銷。

所以，厚黑商人心明眼亮，跟著流行風跑，引領時尚，獲得財富。

6 生意就是生意，把其他的先放下

把每次生意都看作一次獨立的生意，把每次接觸的商務夥伴都看作第一次合作的夥伴。

——塔木德

在商場厚黑學看來，做生意時就要以生意為主，其他的禁忌等不用過於顧及。如果前怕狼後怕虎，那麼生意就無法順利進行。這也許就展現了厚黑商人的風格吧。

厚黑商人敢做常人不敢做的事情，很多人認為不可思議的事情在猶太人看來都是順理成章的。

最典型的例子就是猶太人哈默不受局限，獨闢蹊徑，和前蘇聯做起了生意，和前蘇聯領袖列寧交上了朋友。

在前蘇聯前期的成功使哈默信心大增。他想，我為什麼不回國一趟，聯合其他生產企業，與前蘇聯進行更多的貿易呢？

他說服的第一個人是亨利．福特。福特汽車早已聞名遐邇，其創始人亨利．福特也是個有名的反蘇派。哈默經人介紹與福特見了面，可是這位汽車巨擘開門見山地對他表達了反對意見，福特不否認在前蘇聯市場上銷售自己公司的產品可以賺錢，但是他說：「我不會運一根螺絲釘給敵人，除非前蘇聯換了政府。」

福特的態度非常堅決，但是哈默並沒有氣餒，他說：「您要是等前蘇聯換了政府才去那裡做生意，豈不是要在很長一段時間裡丟掉一個大市場嗎？」

哈默把自己在前蘇聯的見聞、經商的經歷以及列寧如何對自己開綠燈的事，一五一十地講給福特聽，哈默說：「我們是商人，只管做我們的生意，而生意就是生意。」

福特對哈默的話漸漸產生了興趣，還和哈默共進了午餐。

餐後，福特又陪哈默去參觀自己的機械化農場，兩人談得非常投機，最後，福特終於同意哈默作為自己產品在前蘇聯的獨家代理人。

哈默從福特這裡首先打開了缺口，很快又成了橡膠公司、機床公司、機械公司等許多家企業在前蘇聯的獨家代理。

後來，在哈默的斡旋下，福特公司和前蘇聯政府又達成了聯合興辦汽車、拖拉機生產工廠的合作協議，福特由此獲得了滾滾利潤，哈默自然也受益匪淺。

難道有誰會去做虧本的買賣嗎？當然不可能有。但是，善於厚黑之道的猶太人就敢做這樣的買賣。

美國康乃狄克州有一家叫奧茲摩比（Oldsmobile）的汽車廠，它的生意曾長期不振，工廠面臨倒閉的局面。該廠總裁決定這個時候從促銷入手，希望能扭轉危機。

要知道猶太人是最善於出奇制勝的。

總裁猶太商人卡特認真考察了該廠的情況，針對存在的問題，對競爭對手以及其他商品的推銷術進行了認真的比較分析，最後博採眾長，大膽設計了「買一送一」的推銷方法。這可是汽車，買一輛送一輛，並且汽車的價格沒有上漲，這樣的好事預計所有人都會動心。

原來，該廠積壓著一批轎車，未能及時脫手，資金不能回籠，倉租利息卻不斷增加。所以廣告中便特別聲明——誰買一輛「托羅納多（Toronado）」牌轎車，就可以免費得一輛「南方牌」轎車。

買一送一的推銷方法，由來已久，使用面也已很廣。但是，一般做法只是免費贈送一些小商品。如買電視機，送一個小玩具；買錄影機，送一盒錄影帶等等。這種給顧客一點小恩小惠的推銷方式，確能發揮很大的促銷作用。但時間一久，使用者多了，消費者也慢慢不感興趣了。給顧客送禮給回扣的做法，也是個推銷老辦法，但同樣的原因，所送禮品的價值或回扣數目一般都較小，不可能發揮引起消費者興趣的效果。

奧茲摩比汽車廠對各種推銷方法的長處相容並蓄，儘可能克服因方法陳舊使消費者麻木遲鈍的缺點，大膽推出買一輛轎車便送一輛轎車的出眾辦法，果然一鳴驚人，使很多對廣告習以為常的人為之刮目。

許多人聞訊後不辭遠途也要來看個究竟。該廠的經銷部一下子門庭若市。過去無人問津的積壓轎車果真以二十一萬五千美元一輛被人買走，該廠也兌現了廣告中的承諾，免費贈送一輛嶄新的「南方牌」轎車。

奧茲摩比汽車廠如此銷售，等於每輛轎車少賣了五千美元，是不是虧了血本？實際上，奧茲摩比汽車廠不但沒有虧本，而且汽車廠還由此得到了多種好處。因為，這些車如果積壓一年賣不出去，每輛車上損失的利息、倉租以及保養費等就已接近了這個數目。而現在，車全賣光了，資金迅速回籠，可以擴大再生產了；「托羅納多」牌轎車使用的人增多，名聲變大，市場占有率提高了；一個新的牌子「南方牌」被帶出來了，這一低檔轎車以「贈品」聞世，最後開始獨立行銷。

奧茲摩比汽車廠從此起死回生，生意興隆。

不得不說這是一個具有代表性的事例，這就告訴所有的經商者，在把產品變成錢的過程中，只要做好了計算，很多在消費者看來是不賺錢的買賣，依然能回報頗厚。

厚黑商人做生意還有一個特點，從不懼怕過失，反而把過失作為賺更多錢的一種動力。在他們看來，在經商過程中，因失誤造成損失這是極其正常的事。關鍵是儘可能把損失降到最低點，才是明智之舉。同時，不怕犯錯誤，亦不會因犯了錯誤而畏首畏尾、縮頭縮尾，他們認為這樣會錯失許多難得的發展良機。

7 防止別人欺騙自己

金錢容易引發意外，任何人對待金錢都要謹慎，否則就要損失金錢。先要學會看管少數金錢，然後才可以管理更多金錢，這是最聰明的提防金錢損失的辦法。

——塔木德

商場厚黑學認為，做生意要信守誠實之道，不可用欺騙的手段獲利。但是，你不敢肯定其他人是否像自己一樣誠實經商。因此，你要努力防止別人欺騙自己。

在厚黑商人看來，做生意時一定要小心謹慎，每次生意都要按初次生意那樣認真仔細。哪怕和熟人做生意，或者與老客戶來往，都不能放鬆對這次生意的各項條件、要求的審視。厚黑商人習慣於把每次生意都看做一次獨立的生意，把每次接觸的商務夥伴都看做第一次合作的夥伴。

其他人在與厚黑商人再次合作時，往往會放鬆警惕，甚至會主動要求不用簽合約，但是，厚黑商人卻不習慣這樣做，他們會說：「我們還是按合約來辦事吧。」在商言商，時刻按合約辦事是厚黑商人的經商原則，也是他們謀錢的智慧。因為只有這樣，厚黑商人才能時刻提醒自己保持警惕，避免出現各種問題。

《塔木德》要求：「把每次生意都看做一次獨立的生意，把每次接觸的商務夥伴都看做第一次合作的夥伴。」

不管是在為人處世還是在做生意方面，猶太人都是非常謹慎的，他們所奉行的基本原則是：「每次都是初交。」

有一次，一位日本商人請一位猶太畫家上館子吃飯。坐定之後，畫家便取出畫筆和紙張，趁等菜之際，先給坐在邊上談笑風生的女主人畫起素描。

不一會兒，速寫畫好了。

畫家微笑著把畫遞給日本商人看，果然栩栩如生。日本商人連聲讚美道：「太棒了，太棒了。」

聽到朋友的奉承，猶太畫家便轉過身來，面對著這位日本商人，又在紙上勾畫起來，還不時向他伸出左手，豎起大拇指。

日本商人一見這副架式，知道這回是在給他畫素描了，因為畫家已經在透過手勢給自己估計各部位比例了。雖然日本商人無法看到猶太畫家畫得如何，但他還是一本正經擺好了姿勢，讓畫家來畫。

就這樣，日本商人一動不動地坐了約有十分鐘。

「好了，畫完了。」畫家說。

聽到這話，日本人終於鬆了一口氣，他迫不及待地湊過去看畫，結果卻讓他大吃一驚。原來，畫家畫的根本不是日本商人，而是他自己左手大拇指的速寫。

日本商人連羞帶惱地說：「我特意擺好姿勢，你卻作弄人……」

猶太畫家卻笑著對他說：「我聽說你做生意很精明，所以才故意考察你一下。你也不問別人畫什麼，就以為是在畫自己，還擺好了姿勢。從這一點來看，你和猶太商人相比，還差遠了。」

這時，日本商人才明白自己犯了一個致命的錯誤，那就是：以為有了第一次，便會有第二次。他看見畫家第一次畫了女主人，第二次又面對著自己，就以為一定是在畫他了。實際上卻並不是如此。

猶太畫家透過這件事告訴日本商人一條厚黑商道，那就是「每次都是初交」。

8 最划算的買賣：一筆生意，兩頭獲利

如果真正給別人提供了方便，你也一定會從中受益。

——塔木德

一筆生意，兩頭賺錢，是猶太厚黑商道的一個主張。精明厚黑商人總是能把利益和大局完美地結合在一起，因為他們清楚對人要厚，對事要黑的道理，競爭時雖然需要厚黑手段，但共同發展，才是大趨勢。

猶太人做生意，從來不會只看重自己的利益，在他們看來，只有自己有利益的生意很難長久的合作下去，必須要達到雙贏的效果，才能保持長久合作，也就是「一筆生意，要兩頭贏利」。大多數猶太商人在商務往來時，能夠透過巧妙調整而取得雙贏的效果。

萊曼兄弟的故事很能說明雙贏這一技巧所創造的效益。

萊曼兄弟公司，是一家有將近一五〇年歷史的美國著名的猶太老字號大小銀行。

一八七〇年代末期，該公司一年利潤就可達三千五百萬美元，而它的創業過程富有神

奇色彩。

一八四四年，德國維爾茨堡的一個名叫亨利．萊曼的人移民到了美國，他在南方待了一段時間後，就和隨後移居美國的兩個弟弟——伊曼紐爾和邁耶一起在阿拉巴馬定居，同時做起了雜貨生意。

阿拉巴馬原來是美國一個產棉區，大部分農民手裡都有棉花，但是沒有現金。所以，萊曼兄弟積極鼓勵農民以棉花代貨幣來交換日用雜貨。

有些人認為，萊曼兄弟這樣做與猶太商人一貫的「現金第一」的經營原則不符合。實際上，萊曼兄弟的帳卻算得很清楚，他們認為：以物物相交換的買賣方式，不但能吸引那些一時沒有現金的顧客，而且能擴大銷售量；更重要的是，在以物換物的情況下，他們很容易就能操縱棉花的交易價格；另外，經營日用雜貨本來需要用車去進貨，現在採用了物物交換的方式，就可以把進貨的空車裝滿棉花，還能節省一筆較大的專門運輸棉花去賣的費用。

這種經營方式可稱做「一筆生意，兩頭獲利」，買賣雙方都有得賺，何樂而不為？

根據這一原則猶太人經商思想與其他人有不太一樣的地方：

(1)同行非冤家

過去，許多公司為了賺錢，總想獨霸市場，一心想著擠垮同行。他們在處理與同行的關係上，不僅信奉「同行是冤家」，而且堅持「三十六行，行行相妒」，多是互相詆毀，互相攻擊，互相欺騙。如今，現代社會的企業，提倡競爭，鼓勵競爭，但競爭的目的是為了相互推動，相互促進，共同提高，一起發展。

(2)競爭非獨贏

兩軍相爭，你死我活，非勝即敗。在市場競爭中，誰都想勝不想敗。說市場競爭的各公司是「敵手」，因為他們在彼此競爭中帶有以下性質：

一是保密性。競爭者在一定階段一定情況下，都有一定的保密性。

二是偵探性。競爭者幾乎都在彼此刺探情報，以制定戰勝對方的策略。

三是獲勝性。競爭諸方無一不想勝利，都想獲取一定利潤，讓自己的產品占領市場。

四是克「敵」性。假若市場不能容納下全部競爭者時，任何企業都想保存自己而「滅掉」對方。即使市場能容納下全部競爭者時，他們也還是都想以強敵弱。

雖然競爭公司間有點像戰場上的「敵手」，但就其本質來說是不一樣的。這是因為：公司經營的根本目標是為社會做貢獻，公司的產品是滿足社會需要的，公司賺的錢也為國家、公司和員工三者所用，公司間的競爭手段必須是正當合法的，在這種意義上講，公司之間完全可以相互幫助、支持和諒解，應該是朋友。

在市場競爭中，對手之間為了自己的生存發展，竭盡全力與對手競爭是正常的現象。但是，在競爭中一定要運用正當手段，也就是說，只能透過質量、價格、促銷等方式進行正大光明的「擂臺比武」，一決雌雄，切不可用魚目混珠、造謠中傷、暗箭傷人等不正當手段損傷對手。

在猶太人看來，市場競爭是激烈的，同行業的公司之間的競爭更為激烈。但是，競爭對手在市場上是相通的，不應有冤家路窄之感，而應友善相處，豁達大度。這好比兩位武德很高的拳師比武，一方面要分出高低勝負；另一方面又要互相學習和關心，勝者不驕，敗者不餒，相互間切磋技藝，共同提高武藝。

(3)合作求共贏

猶太本民族的商人合作，早已有了傳統，因為有共同的文化基礎，這種合作也較易進行。但是，猶太商人的合作範圍遠不止於此，只要合作能帶來甚於獨自運作的利益，他們即願與任何民族的商人合作，甚至曾經咬牙切齒的敵人，看在利益的分上他們也願意坐下來談合作。比如：洛克菲勒的合作夥伴，多曾是你死我活的勁敵。在合作與壟斷上猶太商人表現突出，除了在這方面意識強烈之外，手法也值得一提，他們以己度人，極善用利益說動對方。

其實，「同吃一塊蛋糕」就是市場份額的分配，在無序競爭中，準確地說，是搶蛋糕。猶太鉅賈摩根說：「競爭是浪費時間，聯合與合作才是繁榮穩定之道。」正是他，組織了世界上第一個金融「辛迪加」。洛克菲勒更勝一籌，他兼併近百家石油企業成立的「托拉斯」，曾經一度徹底壟斷了美國的石油工業。

(4)獨特任發展

天高任鳥飛，海闊憑魚躍。市場是廣闊的，多元的，一個有靈敏頭腦的老闆，在已被別人擠滿的熱門的康莊大道上，不必因為自己受擠而怒火中燒，應果斷地避開眾人，踏上冷僻的羊腸小路，照樣可以在經過一番跋山涉水的艱辛後，到達光輝的頂點。

9 亂中取利，以快制勝

兆頭（訊息）是財富的領路人。。

——塔木德

厚黑學認為，流水之所以能漂石，是速度；飛鳥之所以能撞毀飛機，是速度；龍捲風之所以能在頃刻之間將一個村鎮夷為平地，也是速度。有速度才有優勢，有速度才能搶占上風。厚黑商人深深地懂得這一點。

在強手如雲、競爭激烈的商戰中，當一條資訊到來時，很可能有許多人同時發現機會，幾個競爭對手一同向一個目標進擊。這是力量的角逐、智慧的競爭，更是速度的較量。

厚黑商人堅持這樣一個觀念：經商時，究竟鹿死誰手，很大程度上取決於速度。因此，在方向、條件不變的前提下，速度與力量成正比。

同樣，猶太商人相信「資訊就是金錢」的說法，認為一則適當的資訊就可能決定成敗存亡，因此，猶太商人形成了對資訊的高度重視與敏感。

猶太商人的消息靈通是世界聞名的。據日本商人說，猶太商人非常喜歡收購國外的破產企業，每當日本有讓猶太商人看到中意的企業破產之時，遠在美國的猶太商人便會最先獲悉這一消息，而許多日本企業主近在國內，卻是「出口轉內銷」，還得從猶太人那裡獲得有關資訊。

亞默爾肉類加工公司的老闆菲普力·亞默爾習慣於天天看報紙，雖然生意繁忙，但是，他每天早上到了辦公室，就會看祕書給他送來的當天各種報刊。

一八七五年初春的一個上午，他仍然和平時一樣細心地翻閱報紙，一條不顯眼的不過百字的消息把他的眼睛牢牢吸引住了：墨西哥疑有瘟疫。

亞默爾頓時眼睛一亮：如果墨西哥發生了瘟疫，就會很快傳到加州、德州，而加州和德州的畜牧業是北美肉類的主要供應基地，一旦這裡發生瘟疫，全國的肉類供應就會立即緊張起來，肉價肯定也會飛漲。

他立即派人到墨西哥去實地調查。幾天後，調查人員回電報，證實了這一消息的準確性。

亞默爾放下電報，立即集中大量資金收購加州和德州的肉牛和生豬，運到離加州和德州較遠的東部飼養。

兩、三個星期後，瘟疫就從墨西哥傳染到聯邦西部的幾個州。聯邦政府立即下令嚴禁從這幾個州外運食品，北美市場一下子肉類奇缺、價格暴漲。

亞默爾及時把囤積在東部的肉牛和生豬高價出售。短短的三個月時間，他淨賺了九百萬美元。這一條資訊讓他賺取了巨額利潤。

亞默爾的成功不是偶然的，這是他長期看報紙、積累資訊的結果。他手下有幾位專門為他負責收集資訊的人員，他們的文化水準都比較高，長於經營，富有管理經驗。他們每天把全美、英國、日本等世界幾十份主要報紙收集到，看完後，再將每份報紙的重要資料一一分類，並且對這些資訊做出評價，最後才由祕書送到辦公室來。

如果他覺得某些資訊有價值就和他們共同研究這些資訊。這樣，他在生意經營中由於資訊準確而屢屢建功。

在瞬息萬變的市場上，經營者必須具備極強的應變能力，隨時做出正確的決策，而決策的基礎在於耳聰目明，獲取大量及時、準確的資訊。

市場上常常出現這樣一些情況，一方面消費者持幣觀望，抱怨買不到滿意商品；另一方面是商店、生產廠商的產品賣不出去而大量積壓，其根本原因就是產品適銷性不合市場需求，造成產品生產與市場需求脫節。

很多經營者缺乏資訊意識，不做市場調查，憑著主觀想法盲目生產，或者仿製仿造他人的商品，結果在激烈的競爭中一敗塗地。有些經營者雖然重視資訊，但往往由於不能對得來的資訊做出快速決策而坐失良機，或者由於資訊不全面而導致錯誤的決策。信息滿天下，專尋有心人。一條有價值的資訊，一個準確的情報，會使一大筆生意成功。

猶太商人認為有了寶貴的資訊，得到了好的主意，還需要有切實可行的經驗措施，才能使願望變成現實，把資訊變為金錢，否則一切都還只是空想。

美國著名的猶太實業家，同時又被譽為政治家和哲人的伯納德·巴魯克於三十歲之前已經由經營實業而成為百萬富翁。他在一九一六年時被威爾遜總統任命為「國防委員會」顧問、「原材料、礦物和金屬管理委員會」主席，以後又擔任「軍火工業委員會主席」。

一九四六年，巴魯克擔任了美國駐聯合國原子能委員會的代表，並提出過一個著名的「巴魯克計畫」，即建立一個國際權威機構，以控制原子能的使用和檢查所有的原子能設施。無論生前死後，巴魯克都受到普遍的尊重。

創業初期，巴魯克也是頗為不易的。但就是靠他作為猶太人所具有的那種對資訊的敏感，使他一夜之間發了大財。

巴魯克二十八歲那年的七月三日晚上，他正和父母一起待在家裡，忽然廣播裡傳來消息說，西班牙艦隊在聖地牙哥被美國海軍消滅。這意味著美西戰爭即將結束。

這天正好是星期天，第二天是星期一，按照常例，美國的證券交易所在星期一都是關門的，但倫敦的交易所則照常營業。巴魯克立刻意識到，如果他能在黎明前趕到自己的辦公室，那麼就能發一筆大財。

當時是一八九八年，小汽車尚未問世，而火車在夜間又停止運行。在這種旁人束手無策的情況下，巴魯克卻急中生智，想出了一個絕妙的主意。他趕到火車站，租了一列專車。星光下，火車風馳電掣而去，巴魯克終於在黎明前趕到了自己的辦公室，在其他投資者尚未「醒」來之前，做成了幾筆大交易。他成功了。

巴魯克和其他投資者相比，他在獲得資訊的時間上，並不占優勢，但在如何從這一新聞中解析出對自己有用的資訊，據此做出決策，並採取相應的行動上，巴魯克確確實實地占據了優勢。

猶太商人善於快中取勝，並以閃電般的行動去賺錢。

美國佛羅里達州有個猶太小商人，注意到家務繁重的母親們常常臨時急急忙忙上街為嬰兒購買紙尿片，於是靈機一動，想到要創辦一個「打電話送尿片」公司。

送貨上門本不是什麼新鮮事，但是送尿片則沒有商店願意做，因為本小利微，怎麼辦？

這個小商人又靈機一動，他雇用全美國最廉價的勞動力——在校大學生，讓他們使用的是最廉價的交通工具——自行車。他又把送尿片服務擴展為兼送嬰兒藥物、玩具和各種嬰兒用品、食品，隨叫隨送，只收十五％的服務費。

後來，他的生意越做越興旺。

厚黑商人善於利用市場動盪的有利時機，制定經營策略，以快速的行動來戰勝別人。所謂機會是指一時一地出現的某種特殊條件，它帶有一定的偶然性，往往稍縱即逝。厚黑商人，一順手「牽」著機會，就會以最快的速度開發它、利用它。可以說是快一步天高地闊，慢一招滿盤皆輸。

10 技高一籌的精明者

有效率的作兩個小時，勝過笨人的瞎忙一天。

——塔木德

厚黑經商學認為，只有適應市場的變化，適時捕捉商機的高手，才能取得事業的成功，而猶太人正是技高一籌的精明者。

美國房地產巨富特朗普出生於一個猶太商人建築承包商的家庭。

在他十三歲時，他父親送他到軍事學校去學習軍事。畢業後，他又在福德姆大學上了兩年，由於受大學同學的影響，他立志經商。要經商的話，霍頓金融學校是個非去不可的地方，於是他轉而攻讀商業。在他決定經商的時候，他就決定畢業後的目的地是曼哈頓，因為曼哈頓是紐約的首富之地，許多跨國大公司和大銀行都位於此地的華爾街。

特朗普大學畢業的第三年，即一九七一年他在曼哈頓租了一套公寓房間。這是一套小型的公寓間，室內陰暗窄小。儘管如此，他還是對此倍加喜歡，畢竟他邁出了成功的第一步。

特朗普搬到曼哈頓以後認識了許多人，開闊了視野，了解了許多房地產知識，但仍沒有發現他能買得起的、價格適中的不動產。所以他遲遲按兵不動。到了一九七三年曼哈頓的情況突然變糟，由於通貨膨脹，建築費用猛漲。更大的問題是紐約市本身，該市的債務，上升到了令人憂心忡忡的地步，人們惶惶不可終日。特朗普開始擔心紐約市的未來，但還不至於徹夜不眠，他是個樂天派。也就是這種樂觀使他意識到目前曼哈頓的困境，正是他大顯身手的良機。他認為，曼哈頓是最佳住處，是世界的經濟中心。紐約在短期內不管有什麼困難，事情一定會得到改觀，這一點他毫不懷疑，不可能有哪座城市能取代紐約。

從來到曼哈頓的幾年裡，特朗普一直尋找著一片既便宜將來又很有發展前途的地皮，經過他的觀察哈得遜河邊的一個荒廢了的龐大鐵路廣場是個非常理想的選擇。所以每次他沿西岸河濱的高速公路開車過來時，他就設想能在那兒建什麼。但現在曼哈頓正處於財政危機，根本不會考慮開發這大約一百英畝的龐大地產。這個時候，人們普遍認為西岸河濱是個危險去處。儘管如此，特朗普認為，要全面改觀並非太難，人們發現它的價值只是時間問題。

一九七三年，特朗普在報紙上破產廣告一欄中，偶然看到一則啟事，鐵路廣場要出售。於是他開始聯繫出讓方。

廣場的事最終雖未落實，但出讓方提供了另一個資訊：名叫康莫多爾的大飯店由於經營不善，已經破敗不堪，多年虧損，飯店擁有者想出讓這些資產，可是沒有多少人對此感興趣。特朗普去了實地考察，他看到，成千上萬的人每天上下班從這裡的地鐵站上上下下，絕對是一流的好位置。特朗普把買飯店的事告訴他父親。父親聽說兒子要在城中買下那家破飯店，吃驚不小，因為許多精明的房地產商都認為那是筆賠本的買賣。特朗普當然也知道這一點。不過他已經有了一個非常完美的計畫。他一方面讓賣主相信他一定會買，卻又遲遲不付訂金。他盡量拖延時間，他要說服一個有經驗的飯店經營人一道去尋求貸款。他還要趁著現在經濟不景氣爭取市政官員破例給他減免全部稅務。

一切都按照他的計畫進行，特朗普終於買下了康莫多爾飯店，投資進行裝修，並重新命名為海特大飯店，特朗普擁有飯店五十％的股權。新裝修後的飯店富麗堂皇，它的樓面是用華麗的褐色大理石鋪的，用漂亮的黃銅做柱子和欄杆，樓頂建了一個玻璃宮餐廳。它的門廊很有特色，成了人人想參觀的地方。海特大飯店開張後，顧客盈門，大獲其利，一年總利潤超過了三千萬美元。

特朗普並沒有就此滿足，他的目光又落在曼哈頓繁華路段的一座十一層大樓上。

從一九七一年他搬進曼哈頓，並在那兒逛大街起，他就看中了它，那是房地產中最好的位置。如果在這個黃金地段建一座摩天大樓，它將成為紐約城獨一無二的最大不動產，很可能成為紐約市的標誌性建築。特朗普透過調查，了解到那十一層大樓屬於邦威特商店，但樓下的地皮屬於另一個房地產商。特朗普先去找那個房地產商。房地產商是個很精明的人，但他不是紐約人，不知道這塊地皮的真正價值，更想不明白在經濟不景氣的情況下，居然還有人打它的主意。特朗普透過幾個回合的艱苦談判，最終以二千五百萬美元買下了十一層大樓和下面的地皮。特朗普決定把舊樓拆除，建一座高六十八層的大廈，命名為特朗普大廈。他幾經周折終於得到了市規劃委員會的批准。曼哈頓銀行同意為特朗普建造大廈提供貸款。特朗普把整個工程承包給了HRH施工公司，並委派自己得力的女助手、三十三歲的巴巴拉負責監督施工。巴巴拉在翻修康莫多爾飯店時，就曾顯示出她的傑出才能。

舊大樓的爆破工程剛開始的時候，《紐約時報》刊登了炸毀門口雕塑的大幅照片，並就此事發表了多篇文章，指責特朗普只顧賺錢，不惜毀壞藝術品和文物。儘管藝術和文物管理部門並沒有出面干涉，事後特朗普也後悔不該毀了那些雕塑。令人意想不到的是，這場軒然大波使特朗普大廈受到廣泛的關注，為大樓的出售幫了大忙。

特朗普大廈矗立起來了，建造得既富麗堂皇又非常新穎獨特。光是造價達二百萬美元的門廊中沿東牆下來的瀑布，就有八十英尺高。從第三十層到六十八層是公寓房間，站在屋裡就可以看到北面的中央公園，東面的九特河，南面的自由女神像，西面的哈得遜河，可以說曼哈頓的美妙風光盡收眼中。

由於特朗普大廈以富人的住地自居，因此每單位售價不菲，在一百萬至五百萬美元。特朗普大張旗鼓地做廣告，許多電影明星和著名人士因之而爭相購房。因此，尚未完工房子就賣出了一大半。特朗普大廈共有二六三戶，他留下最頂層十多戶自家住。他們夫婦花了近兩年時間改建，特朗普自豪地說，他的公寓是世界上少有的鳳毛麟角。

在接連成功之後，他沒坐享其成。他又投資度假村、遊樂場，成立西部娛樂集團等。同時他的妻子伊瓦娜也做得有聲有色。她親自掌管特朗普城堡，該城堡是大西洋城遊樂場中收入最多的一家，也是城中最賺錢的一家飯店，僅三個月收入就七千六百八十萬美元。特朗普還生產自己命名的凱迪拉克轎車。就這樣，特朗普在曼哈頓闖蕩，大約前後十幾年裡，從一個毛頭小夥子一躍而成為一個聲名遠揚的房地產大富豪。

11 隨機應變的生意經

開鎖不能總用鑰匙；解決問題不能總靠常規的方法。——塔木德

在經營活動中，厚黑商人是最能忍耐的一個商人群體，他們能不厭其煩地等待對方的確認或改變態度。但是，厚黑商人的忍耐是基於划算和有發展前途的事物和買賣，當他們發現不划算或沒有發展前途，不用說幾年，哪怕是幾個月，也不會等待下去。

厚黑商人精於謀略和戰術，善於算計和心計，他們在任何投資和買賣活動中，事前必定作周密的可行性研究，他們一旦決定做某項買賣或投資，必定制訂短期、中期和長期的計畫。這三套計畫做好隨機應變的策略，以觀事態的發展而相應採用。

短期計畫投入後，即使發現實際情況與事前預測有相當的出入，他們也毫不吃驚或動搖，仍積極按原計畫投入資金實施下去。經過短期計畫的實施後，儘管效果不及預料中好，他們仍會推出第二套計畫，繼續追加投入，設法完成各項策略的實施。如

第二套計畫深入進行後仍未達到預測的效果，與計畫不相符，而又沒有確切的事實和依據證明未來會發生好轉，那麼，厚黑商人則會毅然決斷放棄這宗買賣或投資。一般人會認為，放棄了已實施了兩套計畫的事業，豈不是前功盡棄，虧掉了不少投入？但厚黑商人卻泰然自若，無怨無悔：他們認為，生意雖然未盡如人意，但沒有為後來留下惡患，不會為一堆爛攤子而困擾未來的工作，長痛不如短痛。

這就是厚黑商人的隨機應變生意經。事實上，這種生意經源遠流長，中國古時遺篇《投筆膚談．家計第二》有述：「夫兵不貴分，分則力寡。兵不貴遠，遠則勢疏。是不唯寡弱在我，而強眾在敵也，雖我眾，亦防敵之乘我也。苟能審勢而行，因機而變，則敵亦焉能乘我哉！」這篇講「因機而變，意思是根據實際情況變化來採取相適應的方案和行動方式。因機而變就是機伶應變的意思」。

孫子兵法中的「因敵制勝」也論述過因機而變的戰術。所謂因敵制勝，就是依據變化了的敵情制訂或修訂計畫。《孫子．虛實篇》說：「水因地而制流，兵因敵而制勝。故兵無常勢，水無常形；能因敵變化而取勝者，謂之神。」這段話的意思說，水因地勢的高下而制約其流向，用兵則要依據敵情而決定其取勝方針。所以，用兵作戰沒有固定不變的方式方法，就像水流沒有固定的形狀一樣；能依據敵情變化而取勝的，就叫做用兵如神。

同樣，精明的猶太商人在經營生意中，能依據外部環境的變化，特別是市場和競爭對手的變化而隨機應變自己的戰略戰術，這確實是高明的。當今的市場變化多端，競爭激烈，企業能否順應這種變化而動，成為企業能否生存和發展的關鍵所在。企業應該善於根據變化了的市場情況、競爭對手情況，制訂出各種應變的計畫。

英國一猶太人詹姆士原來沾染了惡習，像個花花公子，到處尋花問柳，沉溺賭博，把父親給他的一筆財產揮霍一空，當生活難以為繼時，才覺醒要努力奮鬥。浪子回頭金不換，詹姆士決心從頭做起。他從哥哥那裡借來一點錢，自己開辦了一間小藥廠。他親自在廠裡組織生產和銷售工作，從早到晚每天工作十八個小時。汗水澆出的花朵特別豔麗，他把工廠賺到的一點錢積蓄起來擴大再生產。幾年後，他的藥廠辦得有點規模了，每年有幾十萬美元獲利。但靈敏的詹姆士經過市場調查和分析研究後，覺得當時市場藥物發展前景不大，又了解到食品市場前途光明。因為世界有幾十億人口，每天要消耗大量的各式各樣的食物。經過深思熟慮後，他於一九六五年毅然讓出了自己的藥廠，又向銀行貸得一些錢，買下了加雲飲食品公司控股權。這家公司是專門製造糖果、餅乾及各種零食的，同時經營菸草，它的規模不大，但經營類別不少。詹姆士對該公司掌握控制權後，在經營管理和行銷策略上進行了一番改革。他首先將生產產品的規格和式樣進行擴展延伸，如把糖果延伸到巧克力、口香糖等多品種；餅乾除了增加品種，細分兒童、成人、老人餅乾外，還向蛋糕、蛋捲等發展。這樣，公司的銷售額迅速增長。接著，詹姆士在市場領域進行改革，他除了在法國巴黎經營外，還在其他城市設分店，以後還在歐洲眾多國家開設分店，形成廣闊的連鎖銷售網。隨著業務的增多，資金變得雄厚，詹姆士又伺機應變，把英國、荷蘭的一些食品公司收購，使其形成大集團，聲名鵲起。

詹姆士時刻注視著市場的風雲變化，採用因機而變的厚黑經商之道，逐步由食品行業經營，開拓到地產業、石油業、金融業、出版業。經過二十多年的經營，他已成為世界二十位超級富豪之一了。

Chapter 3

攻心為上，見縫就鑽使「捧」招——猶太人厚黑行銷大法

坑蒙顧客，就是播種仇恨。微笑帶來的，則是滾滾財源。

——《塔木德》

厚黑學講究一個「活」字，靈活善變是厚黑學的精髓。對於商業行銷而言，靈活是必須具備的商業意識。猶太商人是最善於靈活變通的，他們為了大局不惜「賠錢」，打著讓利的招牌來賺錢，非常精明卻假裝糊塗，耳聰目明卻裝聾作啞，賺了顧客的錢，還讓顧客樂此不疲地幫著自己數錢。種種厚黑行銷之術，令人防不勝防。

1 該攫取的利潤絕不放手

對錢財必須具有愛惜之情，它才會聚集到你身邊，越尊重它，珍惜它，它越心甘情願地跑進你的口袋。

——塔木德

對於厚黑商人來說，精於計算，是為了錙銖必較。他們不像大多數商人一樣，羞於「斤斤計較」。他們認為，該攫取的利潤絕不應放手。他們既能計較得清楚，又能迅速地計算出結果。把兩者結合起來，是厚黑經商之術，也是厚黑商人善於商場制勝的訣竅之一。

猶太人的精明是堂堂正正的精明，如果說他們有什麼不光彩的地方，那就是善於利用別人的愚蠢，這怪不得猶太人。

商業經營中的理性計算，是一個合理追求效率或者叫做投入產出比的問題。說到底，就是看同樣的投入能有多大的產出。猶太人在其經營活動中，不僅追求一個高產出，而且追求一次或一項投入，可以有多次或多項產出。

猶太人認為，算金錢就要對金錢有敏感，要時時刻刻以金錢來計算各種貨物。

舉一個身邊的例子：假設一個店主借給了鄰居一萬美元，到了約定的日子鄰居卻沒有還，店主心懷不滿，可是又過了很長時間，鄰居仍沒有還的意思，店主於是怒上心頭，從此不再理那鄰居。

而另一方面，店主的商店向鄰家賒了一萬美元的商品。買東西的一方因為聽到「什麼時候付錢都可以」，不久就把這事完全忘記了，沒去付錢。鄰家的商店不久也忘記了，到結算的時候才想起。但是，已經是好幾個月前的事了，礙於面子難索取。於是，店主就說：「唉，算了吧！」不了了之了。

前者對現金得不到償還怒上心頭，後者因為不是現金是商品而變得慷慨大方。可以說這完全是感覺問題。實際上兩者都遭受了一萬美元的損失。後者由於不是從金庫支出的一萬美元，沒有感到那麼心痛。店主在計算損失時，不是一萬美元，而是進價的六千美元吧！從金錢感覺來說，太過於遲鈍。

把商品看做與要標注的價格相等的現金，才是敏銳的金錢感覺。一萬美元的商品貨款呆帳，必須看做是一萬美元的現金呆帳了。一般在貨款不能收回時，經營者常以進價和製造成本來計算，這種感覺實在太天真了。如果接受了一百萬美元的票據，應該有借出了一百萬美元現金的感覺。如果具有了這樣的感覺，就不會那麼簡單地接受票據了。

退貨也一樣。如果有一百萬美元的商品退貨了，那麼就等於是從公司的金庫支出了一百萬美元現金。這樣的感覺往往使老闆有一種深刻的危機意識，將會更為謹慎的面對自己公司的經營活動。

2 瞞天過海的厚黑行銷術

任何東西到了商人手裡，都會變成商品。

——塔木德

在厚黑行銷法則中，首先要找對人們的興趣點，以做到有的放矢。知己知彼，百戰不殆。只有善於撩動人們的好奇心，才能得到對方的青睞。

厚黑商人在經商的時候，經常會想出與眾不同的點子，他們善於從人們的心理出發，抓住人們的好奇心，努力激發人們的購買欲。

美國食品大王、億萬富翁猶太商人普洛奇，在十五歲時，家中無力供其讀書，他只得在一家食品店打工。

一天，老闆交給他一個任務，把二十簍在冷凍廠受損的香蕉推銷掉。香蕉仍然可口，完全沒有問題，只是外面的皮太熟了一點，顏色黑乎乎的。

老闆說只要賣出去，任何價錢都可以。

當時，完好的香蕉是每四磅十美分，老闆讓他每四磅賣五美分，如果沒人買再便宜些。但是普洛奇沒有照老闆的話去做，他把堆成山似的香蕉擺在門口，然後，扯開嗓子，大聲叫賣：「阿根廷香蕉！」

其實根本就沒有什麼阿根廷香蕉，但是這個名字滿有味道，聽起來非常新鮮，一大群人馬上圍過來瞧著這堆長得比較困難點的香蕉。

普洛奇說服他的「聽眾」：這些樣子古怪的香蕉，是一種新品種水果，產地在阿根廷，第一次銷到美國。他說為了給大家優惠，打算以每磅十美分的價格把香蕉賣給大家。其實，這個價格比一般沒有受損的非「阿根廷香蕉」差不多貴了近四倍！

講究新奇的美國人，一聽普洛奇說得頭頭是道，一哄而上，不到一個上午就把所有的香蕉搶購一空。

香蕉由於保存不當，外形發生改變，這本來是商品降價的因素，但普洛奇採用瞞天過海的厚黑推銷術，利用美國人求新奇的心理，把本地香蕉搖身變成「阿根廷香蕉」，此香蕉便以奇貨自居，形成優勢，價格自然上升，人們卻一無所知。

經商厚黑學者說：「利用大家的好奇心，就能讓大家迷上你。」猶太人認為，經商過程中，只有主動從消費者的角度出發去思考，努力挖掘商品的與眾不同之處，這樣才能讓商品受到大家的喜愛。

另外還有一種情況，現在的人並不是都是識貨的角色。之前你也一定聽說過，有些標價很低的產品在店裡擺放了很長時間也沒人買，一旦提高了標價，大眾就會認為這麼高的價，自然有這麼高價的原因，往往會促進產品的交易。

美國紐約的第四十二大街上，有一個經營服裝的猶太商人魯爾開設的經銷店，門面不大，生意也不怎麼興隆。魯爾專門聘請的高級設計師，經過精心設計的世界最新流行款式的牛仔服首次上市銷售。

他對這一產品寄託了很大的希望，企盼一舉改變自己經營不景氣的狀況。為此，他投入了六萬美元的資金，首批生產了一千件，成本為五十六美元。

基於打開市場的需要，他採取了低額定價策略，把每件定為八十美元，這在服裝產品定價中算是比較低的了。魯爾心想，憑著新穎的款式和低廉的價格，今天一定會開門大吉，發個利市。

魯爾親自出陣，大張旗鼓、聲嘶力竭地叫賣了半個月，購買者卻寥寥無幾。

急昏了頭的魯爾橫下心來，每件下降十美元銷售，又呼天喊地叫賣了半個月，購買者卻仍不見多。

低價之下，必有勇夫，魯爾又降低了十美元價格，這可接近於跳樓價了，但銷售狀況仍是不理想。

向來不服輸的魯爾，這時也顧不得那麼多了，乾脆大拍賣吧，每件五十美元，可是這回連駐足看熱鬧的人都沒了。

徹底絕望的魯爾自認活該倒楣，他讓人在店前掛出「本店銷售世界最新款式牛仔服，每件四十美元」的廣告牌，至於能否銷售出去，只好聽天由命了。

在繁華的紐約第四十二大街上，有這麼便宜的東西，也可真少見。希望顧客們可憐一把。誰知，廣告牌一掛出，陸陸續續來了不少購買者，興致盎然地挑選起來。

站在一旁的魯爾這回可傻了，呆若木雞地立在一旁。

原來，他的店員一時粗心大意，在四十後多加了個〇，這樣每件四十美元就變成了四百美元了，價格一下子高出十倍。但購買者反倒一擁而上，不一會兒的工夫，倒還真賣出了七、八件，並且隨後的銷售狀況是越來越好，生意空前的興隆。

一個月過去了，雖然魯爾仍然是「丈二金剛摸不著頭腦」，糊裡糊塗地，他的一千件牛仔服已經全部銷售一空。差點血本全無的魯爾，轉瞬之間發了橫財。

我們知道，物美價廉、薄利多銷，是一種有效的競爭手段，也是符合一般消費者普遍心理特點的定價策略。但是，這種定價方法並非在任何情況下都能奏效。

在採取低廉定價法讓魯爾一籌莫展的情況下，為什麼意外導致的高價反而讓魯爾扭轉乾坤，一舉賺取了高出原來預期十倍的利潤呢？其實，這正是消費者的購買心理在起作用。

魯爾的「世界最新款式的牛仔服」，主要銷售對象是那些愛趕時髦的年輕人。他們的購買心理特點是講究商品的高檔次、高品質和時髦新穎。對服裝的需求不僅講求時新，而且講求派頭，以滿足自己的虛榮心和愛美之心。雖然，魯爾的牛仔服裝款式新穎，但因為開始定價太低，他們便誤以為價低則質次，穿到身上有失體面；當後來價格抬高十倍時，他們便以為價高而貨真，因而踴躍爭購。

當然，值得一提的是，魯爾的牛仔服是「奇」貨，地道的時新產品。因此，才能滿足這部分消費者的需求，假如魯爾的牛仔服是司空見慣的路邊攤，毫無特色可言，他標得再高也銷不掉。

3 一副笑臉闖天下

要承受發生的事情，要忍耐貧窮帶來的變故。

——塔木德

厚黑學中說，伸手不打笑臉人。而厚黑商人深深地明白，微笑是經商的重要內容，是推銷時不可缺少的魅力資源，是做生意最實用、最有效的資本。厚黑商人正是運用厚黑之道，即用最少的成本來實現最大的效果。他們微笑著賺錢，讓顧客消費，又幫著他數錢。

猶太民族是一個遭受苦難最多的民族，猶太人是最能夠樂觀對待生活磨難的人，在長期的生活磨難中，精明的猶太人學會了各種與人打交道的方法。微笑就是其中最重要的一種方法。

不管面臨什麼困難，猶太人總是微笑著面對；不管對待什麼樣的顧客，猶太人也都是微笑著面對。正是這種樂觀與熱情的態度，使猶太人獲得了極大的自信，也獲得了他人的認可、客戶的滿意，當然，最重要的是，猶太人因此而獲得了金錢。

猶太推銷員喬恩．彌賽被譽為世界上最偉大的推銷員之一，他在十五年中賣出一萬三千輛汽車，並創下一年賣出一千四百輛（平均每天四輛）的紀錄，這個成績被列入《世界金氏紀錄》。

喬恩．彌賽的推銷祕訣是什麼？

答案很簡單，就是微笑！也許你不相信，但事實正是如此。讓我們來看看喬恩．彌賽是怎麼做的吧。

有一次，一位中年婦女走進了喬恩．彌賽的賣場，喬恩．彌賽趕緊微笑著迎了上去。那位中年婦女卻告訴喬恩．彌賽，她只是想在這裡看看車打發一會兒時間。

於是，喬恩．彌賽就跟她閒聊起來。中年婦女告訴喬恩．彌賽，她打算買一輛白色的福特車，但是對面福特車行的推銷員讓她過一個小時後再去。所以，她就先來這裡看看。

中年婦女還說：「這是我送給自己的生日禮物，今天是我五十五歲生日。」

喬恩．彌賽立刻向這位婦女祝賀道：「生日快樂！夫人。」他讓這位婦女隨便看看，自己則出去了一下。不一會兒，喬恩．彌賽回來了。他對中年婦女說：「夫人，您喜歡白色車，既然您現在有時間，我給您介紹一下我們的雙門式轎車，也是白色的。」

他們正談著，女祕書走了進來，遞給喬恩．彌賽一打玫瑰花。喬恩．彌賽把花送給那位婦女，真誠地說：「祝您生日快樂，尊敬的夫人。」

中年婦女很感動，眼眶都濕潤了。「已經很久沒有人給我送禮物了。」她說，「剛才那位福特推銷員一定是看我開了部舊車，以為我買不起新車，我剛要看車他卻說要去收一筆款，於是我就上這兒來等他。其實我只是想要一輛白色車而已，只不過表姊的車是福特，所以我也想買福特。現在想想，不買福特也可以。」

最後，這位中年婦女在喬恩．彌賽的車行買走了一輛雪佛蘭，並寫了一張全額支票。其實，喬恩．彌賽在與中年婦女交談中始終沒有說出勸她放棄福特而買雪佛蘭的詞句。只是因為中年婦女感覺自己在喬恩．彌賽這裡受到了重視，然後自願放棄了原來的打算，轉而選擇了喬恩．彌賽的產品。由此可見，真誠的微笑是推銷的第一步。

另一位猶太商人也致力於用微笑來掙錢。

「一般人大都是羡慕別人的幸運，嫉妒別人的成功，而不思振奮自己的意志，努力實行，只想坐待良機。」猶太商人查理．華葛林說，「我也曾是這樣的一個人。」

查理．華葛林原來經營著一家規模很小的藥房，生意總是不盡如人意，他怨恨自己的職業，整天愁眉苦臉的。

後來，他終於下定決心，要樹立為顧客服務的態度，努力讓每位顧客都滿意。

「假如有人電話購物，我一面接電話，一面舉手招呼我的夥計立刻把物品送去。」

果然，有一天，來了個訂貨電話。

查理．華葛林大聲回答說：「好，郝斯福夫人，二瓶消毒藥水，四分之一磅消毒棉花，還要別的嗎？啊！今天天氣真好，還有……」查理．華葛林不住地討好他的顧客，同時指揮夥計，把貨物取齊，馬上送去。

夥計訓練有素，在接電話一分鐘內，就將物品送到了郝斯福夫人的家門口。當他敲門的時候，郝斯福夫人還在跟查理．華葛林談話。

這時，查理．華葛林聽到郝斯福夫人說：「門鈴在響了，華葛林先生，再見！」

查理．華葛林滿意地放下了電話，因為他知道，貨已經送到了。

事後，郝斯福夫人常對別人說起這件事：當她訂貨的電話尚未打完，物品已經送到了。

郝斯福夫人無意中的傳播，使附近的居民都來他的藥房購物，這件事漸漸擴展到其他地方的居民那裡，使他們也都成為查理．華葛林藥房中的長期顧主。從此，查理．華葛林的一間小小藥房便擴展成了公司，並成立了製藥廠，各地也設有許多營業鼎盛的分店，查理．華葛林自然成了一名富甲一方的猶太富豪。

4 反其道而行，厚利適銷

在別人不敢去的地方，才能找到最美的鑽石。

——塔木德

厚黑商人認為，奇貨可居，是公司採取高額定價的一個基本原則。所謂奇貨，不僅包括新產品、稀有品，也包括名牌產品。所謂名牌是有一定名氣的，名氣是他們的本錢。而名氣是靠品質和價格培養起來的。除了這些之外，那些以前壓在倉庫的東西，只要你稍加包裝，只要你敢出高價，就絕對有人會來買，他們從不擔心高價的東西賣不掉。

經商厚黑學主張，別人沒有的你有，你就可以待價而沽，想不賺錢都不行。精明厚黑商人的做法是：先人一步進入某個新的行業、換個地點銷售你的商品，別人都在做某個行業的時候，他改行為這些行業服務等，總之，只要善於轉變思維，換個角度考慮問題，時時處處都有商機。

一個旅行者的汽車在一個偏僻的小村莊拋了錨，他修了好長時間都修不好，有位村民建議旅行者去村裡的猶太白鐵匠拉德那裡看看。

拉德打開發動機護蓋，朝裡看了一眼，用小榔頭朝發動機敲了一下——汽車開動了！

「共二十美元。」拉德不動聲色地說。

「這麼貴？」旅行者有點驚訝。

「敲一下，一美元，知道敲到哪兒，十九美元，合計二十美元。」

精於厚黑之道的人，只要他人無法做到的事情，他就可以獲得高額的報酬。

古今中外的生意經都認同「薄利多銷」的經營法則，而且無數商戰實踐證明，這種經營法則經久不衰、屢戰屢勝。但是，精明的猶太人的思維是逆向的，自有一種與眾不同的招數，絕不做薄利多銷的買賣，卻做厚利適銷的生意。猶太商人認為，進行薄利競爭，如同把脖子套上絞索。

他們認為，同行之間展開薄利多銷的競爭，總希望以比其他競爭者更低的價格多售出商品，但在考慮低價的銷售前，為什麼不考慮多獲一點利呢？如果大家都相互以低價促銷，廠商還能維持長久的經營嗎？何況市場是有容量限制的，當市場飽和之後，即使價格再低也很少有人要了。

他們還認為：在靈活多變的行銷策略中，為什麼不採用別的上策而採用下策？

賣三件商品所得的利潤只等於賣出一件商品的利潤，這是事倍功半的做法。上策是經營出售一件商品，應得一件商品應得的利潤，這樣既可省了各種經營費用，還可保持市場的穩定性，並很快可以按適價賣出另外兩件商品。而以低價一下賣了三件商品，這樣做無疑加速了市場的飽和，你想多銷也辦不到了，利潤起碼比高價出售少了很多，同時毀了市場行情。

為了避免和其他商人的「薄利多銷」的衝擊，猶太人寧願經營昂貴的消費品，也不經營低價的商品。因此，在世界上經營珠寶鑽石等行業中，猶太人居多。猶太人選擇這種行業，主要是想避開那些薄利多銷的競爭者，因為這些競爭者一般沒有資本或力量經營這類資本密集型商品。

金融證券行業也是這樣，美國華爾街的金融證券大亨，猶太人占的比例最大。猶太商家的「厚利適銷」策略，實質上是一種反傳統術，在商品經濟的長期發展過程中，市場競爭越來越激烈並日趨多樣化，但亦形成了許多形式和規律，被稱為傳統競爭術。

猶太商人認為，當一些老店形成品牌之後，消費者就會對它產生一種信任感，價格可以定得高一些，提高了商品的價格，同時也反過來促進了商品聲望的提高。

美國亞利桑那州大峽谷沙漠中有一家麥當勞的分店，遊人都喜歡在此解決肚子問題，其實這兒的價格要比其他地方的麥當勞連鎖店高出一大截，正如店家標榜的「本店價格最貴」。但是，人們並不在乎，因為此「貴」非彼「貴」，其貴得合理，且看賣場裡醒目地「誠告顧客」：「由於本地常常缺水，所需用水要從六十英里以外運來，其費用是常規的二十五倍；為吸引雇員，我們需支付較其他地方高得多的工資；為了在旅遊淡季亦能正常營業，本店還得隨季節性虧損；又由於遠離城市，地處偏僻，本店的原料運輸費用昂貴。所有這些因素使本店的價格昂貴，但我們為的是向您提供服務，相信您會理解這一點。」

遊人儘管吃著「最貴」的漢堡、熱咖啡、薯條，但沒人有被「宰」的感覺，反而覺得錢花得「值得」。

其實，這種昂貴的定價最根本的原因還是在於麥當勞本身的魅力。

本來以麥當勞「世界各地一模一樣」的宗旨，它不應該在地理位置較差的地方提供同樣服務時收取更高的價格，這個例外最根本之處是它本身的聲譽，這也體現了美國人的精明之處，也是麥當勞之所以敢於宣稱「有教堂的地方就有麥當勞」的原因。

5 巧用暗示，吊人胃口

釣魚用餌，「釣」客戶用「欲望」。

——全球眾多金牌銷售員最常用的口才祕訣

對於厚黑商人而言，在顧客身上下工夫，絕不是真心為對方著想，他們的目的還是為自己營利，否則就不算是厚黑了。他們明白，只要摸清了對方的心理，那麼經商賺錢就會順手了。

憑藉「心理暗示術」，來實現自己推銷產品的目的，可以說是厚黑商人的一個特長，因為他們明白暗示的最大好處在於，暗示者不需要允諾任何承諾，而受暗示者就可能做出種種「投己所好」的允諾。但既然是自己說出的話，事後就只能怪自己話語太多，而與暗示者毫不相干。

沃爾夫森是一個移居美國的猶太人日貨商的兒子，在一九五、六〇年代時，被譽為金融奇才。他從負債經營開始創立了自己的實業道路。他向人借了一萬美元，買了一家廢鐵加工場，將之變成了一個獲利很高的企業。剛過二十八歲的沃爾夫森，財產一下突破了百萬美元的大關。

一九四九年，沃爾夫森以二百一十萬美元的價格，買下了首都運輸公司，這是設在美國首都華盛頓特區的一套地面運輸系統。沃爾夫森有能力把虧損的企業辦成高獲利的企業，這是大家都知道的。但這一次，還沒來得及做到這一點，沃爾夫森就公開宣布，公司將要增發紅利。諸如此類的手法本身並沒有特別出奇的地方，只是沃爾夫森發放的紅利超過公司這一段時間裡的獲利。這等於說，他以貼出公司老底的辦法，來為企業製造高獲利的假象，借此策動人心，讓公眾產生對該企業的過高期望。

果然，首都運輸公司的股票在證券市場被大家看好，價格一路上漲，趁此機會，沃爾夫森將其手中的股份全部拋出，僅此一舉獲利竟達六倍。

沃爾夫森的實業王國當然不是完全靠策動人心建立起來的，但也不可否認，策動人心確實加快了其形成過程。

每個人都有一道心理防線。在他神智清晰的時候，職業刺探者也束手無策。

一家電影院放映過程中，突然插播了一段霜淇淋廣告，時間很短，一晃而過，觀眾還沒有意識到是怎麼回事時，廣告已經消失。但在潛意識中卻留下了深刻印象。看完電影之後，大家都到劇院門外的售貨亭買霜淇淋，效果極佳。這則廣告對於人們的購買行動發揮了暗示作用。

可口可樂公司也用過這種方法，結果發現，電影院旁的可口可樂銷量提高了十八％。

每一個人都很容易受到暗示的影響。例如，消費者看到某種品牌維他命的廣告詞「疲倦是疾病的開始」，就會受到「我是不是病了」的暗示，於是就感到越來越疲倦，只好遵從廣告宣傳，服用那種維他命，疲勞就自然消失了。

也許消費者根本就沒有疲倦，只是由於暗示的影響而產生了這種幻覺。

哪些人更容易受暗示影響？女性容易受到暗示的影響，男性一般比較理性，不易受影響。

按年齡來講，年輕人較易受到暗示的影響，特別是兒童。

某家食品公司，印製了一些兒童玩具畫冊，與一般畫冊一樣，只是在每頁的左下角若無其事地印有自己的商標圖案，這些圖案，在幼兒的腦海中留下了深刻的商標印象。兒時的記憶對於將來的購買行為會產生一定的影響。其他如贈送有商標的氣球、廣告兒歌等。一些開發兒童智力的產品，對孩子及其父母都有一定的暗示作用。下次見到商品時，會有購買的衝動。

暗示需要講究策略。暗示過程一般分兩個階段：首先使消費者產生一種想法，然後在想法的基礎上採取行動。針對不同的商品、不同的人採取不同的策略。

例如：我們常見的一種名叫命令性策略的暗示。這種策略將內容和目的直接告訴對方，使他們有危機感存在，迫使自己果敢行動。如「數量有限，欲購從速」、「清倉大拍賣」、「緊急行動，除夕大贈送」以及「跳樓」、「放血」之類的廣告語。命令性策略要求暗示語言精鍊。現代生活節奏緊張，消費者沒有過多的時間去思考為什麼拍賣，因此，這種暗示會條件反射地引起消費者的興趣，「跳樓大拍賣」會使消費者想到降價拍賣，於是消費者就產生了一種購買欲望。

這是很多精明的商人最善於採用的帶點投機色彩的厚黑行銷之術。

6 別出心裁，奇招迭出

獨特的眼光比知識更重要。

——塔木德

厚黑學主張出奇制勝。在商場上，不為對手察覺的行動才是最可怕的行動，經商者必須動一番腦子，想出一些奇招、妙招，使自己的經營獨具一格，別開生面。厚黑商人具有精明的頭腦，果斷的決策意識，在市場經營中奇招迭出，會取得出其不意的效果。

一九六六年六月，美國的無人太空船首次登月，世人為之譁然。登月是人類從古至今的神話，如今得以實現。這艘太空船的製造者，就是休斯飛機製造公司。

霍華德·休斯的名字就像華盛頓、林肯一樣在美國家喻戶曉。因為他是美國少有的享有世界聲望的富豪，在美國人心目中他是英雄。他的一生可謂轟轟烈烈，充滿了冒險和刺激。他的資產有二十五億美元，到了晚年，卻隱居世外，行蹤莫測，不再公開露面。

一九〇五年十二月二十四日，霍華德·休斯出生於美國休士頓，他的父親是個石油投機商。

休斯十六歲時，他的母親因一次醫療事故而不幸去世。兩年後，老休斯也去世了，他留下的資產約合七十五萬美元。

年僅十八歲的休斯，在父親去世四個月時取得了銀行的貸款，用現金買下了親友所繼承的那部分遺產，成了休斯公司唯一的主人，並繼任公司的董事長。

年輕的休斯對電影很有興趣，可是他最初踏入電影界就出師不利，而這使他更為執著。

霍華德．休斯酷愛駕駛飛機。有一次，當他駕著單人操縱的私人飛機在空中翱翔時突發奇想：拍一部表現空戰的片子不是會很受歡迎嗎？他想到一九一八年第一次世界大戰中，英國空軍中校達甯率領數架索匹茲駱駝號戰鬥機，從戰艦上起飛，轟炸德軍東得倫空軍基地。那是一次極為成功的越洋轟炸，英軍只損失一架飛機，炸沉了二艘敵艦和二艘飛艇。休斯決定將這次空戰搬上銀幕。當時表現空戰的電影特技還未出現，他準備用真正的飛機，拍一部比實戰還要刺激還要壯觀的空中大戰片，片名為《地獄天使》。

為了拍這部電影，僅飛機使用費他就花了二百一十萬美元，租用了數十架飛機，其中有法國的斯巴達戰鬥機、英國的SE5戰鬥機、駱駝號轟炸機、德國的佛克戰鬥機，還有飛行員一百多名，臨時演員二千名；攝影師人數之多幾乎占好萊塢攝影師總數的一半。美國電影界都為之驚訝不已。

對飛機非常著迷的休斯，在拍《地獄天使》之後，他曾參加了一次全美短程飛行比賽，休斯以三〇二公里的時速一舉奪冠。可是他並不滿足於這樣的成績，他決心要打破世界紀錄。

一九二七年，美國飛行員林白駕機用三十三小時三十分飛越大西洋，整個世界為之轟動，被美國人稱為「世紀英雄」。休斯為了打破林白創下的紀錄，開始致力於新型飛機的研製，他有兩位優秀的飛機設計師：歐提卡克和帕瑪。他們將未來的飛機命名為Hi。歐提卡克是一位機械工程師，也熱衷於飛行。歐提卡克對製造新型飛機有許多大膽的構想，對瘋狂地追求速度的休斯來說，他是個不可多得的人才。在那個祕密的飛機製造廠裡，他們不斷改進飛機的外形，選用性能最好的一千匹馬力的普拉特．惠特尼引擎，用了一年零三個月的時間，終於製造出了機身長度為八．二米，機翼長七．六米的Hi型單翼飛機。由於機身特別短，誰也不知道它能在空中飛多久，試飛人員都不敢駕機試飛，休斯決定親自試飛。

一九三五年九月十二日，一切工作準備停當時，日已西斜。負責速度測試的裁判技師建議明天再飛。因為現在接近黃昏，飛行逆光刺眼，怕出問題。休斯卻等不及了，他早已穿上飛行服，跳進機艙，啟動了飛機引擎，飛機緩緩飛上了藍天。

第一次測試速度達到了五五六公里。裁判技師透過無線電告訴他：這一次不算，因為違反航空協會的規則，沒有做水平飛行。於是，休斯在空中繞了個圈，又做第二次水平飛行。

「世界紀錄，時速已達五六六公里！」裁判的叫聲透過耳機傳來。興奮不已的休斯，沒有立刻降落，繼續飛，還想創造新的世界紀錄。

第三次卻只有五四二公里。他不甘心，再飛一次！

「五六七公里。」又是一個新的世界紀錄！

休斯仍不願停下，繼續一次次地飛著……突然間，引擎停止了工作。

他這才發現主油箱的油已經用完了。他連忙去按瞬間補油的按鈕，可是無濟於事，太遲了，發動機已經完全停了下來。

休斯無法再控制飛機，只好以垂直下落的速度向地面衝去。還算幸運的休斯，終於在一片甜菜地裡平安迫降。

就在休斯一次又一次進行冒險飛行的同時，他父親留下的石油鑽井機專利和電影事業仍在為他創造著源源不斷的財富。沒有人知道他什麼時候對美國環球航空公司的股份產生興趣的，到一九三七年前後，休斯已經擁有這家公司八十七％的股份。

休斯並沒停止他的冒險飛行，為了向環球一周飛行紀錄挑戰，他選用並改進了洛克希德公司開發的一種可以乘十二個人的伊列克特拉十四型飛機。

一九三八年七月十日，休斯與四名機組人員，駕駛著改裝後的伊列克特拉十四型機從布魯克林的貝內特機場起飛。經過三天又十九小時十七分的長途飛行，休斯的飛機終於飛回美國，回到出發地。布魯克林的貝內特機場早已聚集了二萬五千名群眾，他們來歡迎勝利歸來的世紀英雄休斯。「二戰」期間，美軍在太平洋戰區收復瓜達康納爾島之後，水上飛機開始大顯身手。

休斯設計的這種型號為ＫＨ１的巨型水上飛機全長九十七・五米，高十五・二米，自重三百多噸，兩翼安裝八個帶有螺旋槳的普拉特・惠特尼2800型引擎，是有史以來世界上最大的「巨無霸」飛機。

當時，人們對這架巨大的飛機能否飛上天空持懷疑態度，而休斯卻讓事實說話，他成功了。一九四八年四月，休斯親自駕駛著這架「巨無霸」風馳電掣般地在海面上衝刺了一段後，穩穩起飛。電影攝像機為這個歷史性鏡頭拍了永久性記憶的照片。美國再次引起轟動，繼環球飛行之後，休斯又一次在美國人心目中樹立了英雄形象。

一九六五年，休斯飛機公司推出八十五磅重的商業通信衛星，該衛星具有六千條線路的往返電話功能，以及十二種彩色電視的機能，從而在歐美大陸之間建立了電視電話網路。休斯結婚兩次，卻沒有後代。他去世後，休斯飛機公司價值五十二億美元的股權全部被通用汽車公司收購。這筆鉅款歸於休斯飛機公司霍華德·休斯醫學研究財團，該財團因此成為世界上最大的基金財團。

如果不存在突發奇想，也就不存在休斯的翱翔天空。的確，猶太商人那股別出心裁的經商意識在休斯身上展現得更徹底。

在厚黑人士看來，商戰的手段千千萬萬，但所有的大成就都是靠超人的膽略來取得的。世界聞名的飛機大王休斯，就是以他超人的膽略，使自己的夢想得以實現。

7 討價還價，狠殺價格不手軟

意志若是屈從，不論程度如何，它都幫助了暴力。

——但丁

討價還價是商品行銷中最難處理的關鍵環節，往往雙方會據理力爭互不相讓。厚黑之人最善於在討價還價中下手，對商品狠狠地殺價而毫不留情，他們絕不會為任何原因而心慈手軟。

同樣，猶太商人之喜歡討價還價，也是國際商業界中有名的。西方有則笑話，說有個總統訪問中國後回國，機場上有記者問他訪問中對哪件事印象最深，總統回答說，他在市場上看見中國人和猶太人討價還價，把猶太人搞垮了。

不管中國人是否有能力在討價還價時勝過猶太人，猶太人自己在笑話中確實大大地調侃了一下自己喜歡討價還價幾近於成癖的個性。

艾布拉走進一家商店，開始殺價。明碼標價十五美元的貨物被他殺到十美元，再殺到九．九七美元，他還不滿意，希望再降到九美元。

售貨員表示：「這已經是最低限度了，不能再降了。」

艾布拉卻不死心，堅持要他降到九美元。

售貨員也毫不妥協：「絕對不行，到此為止，一分錢也不能再降。」艾布拉硬是不從。「先生，為了區區幾分錢爭個沒完，也太不划算了。說實在的，絕對不能再降了。況且，你歷來都是賒賬的，差幾分錢，又有什麼關係呢？」

艾布拉卻回答說：「我所以拚命殺價，無非是我太喜歡你們的商店了。多殺一分錢，等到我賴帳時，你們店的損失就可以減少一分錢了。」

這哪裡是為了讓別人以後少心疼一點，分明是把討價還價當做了一種樂趣，當做花錢消費過程中一份必不可少的享受，即使花錢給免了，這份樂趣還是不能放棄的。

喜歡討價還價是一回事，如何討價還價又是一回事。精於此道的猶太商人首先給出了一個一般原則：討價還價實質上是一個買賣雙方誰說服誰的問題，同樣一件商品，賣方總要千方百計說好，而買方則要千方百計說不好。

從買方角度上看，首先，買東西都要殺價，而且要殺得狠，打它個四折，絕不能心軟，或者不好意思，否則就可能因為不夠狡猾而被狡猾之人騙了。

其次，殺價時得有理由，非得到處挑毛病，但這些毛病又不能是實質性的或不可彌補的毛病。馬小，就非得壯健，才能小馬拉重物；腳跛，就必須是拔掉釘子才會跑。否則光圖少花幾個錢，買回來後，儘是真毛病，派不上用場，那就犯了討價的大忌。這種人生活中多的是，對討價還價過於熱心，花錢純是在買這樂趣了。

最後，不要因討價還價的順利，樂昏了頭，心態不平衡，付錢時潛意識做主，殺下的價格在付款時又給加上了。

同樣，從賣方的角度來看，其中也有不少經驗之談。

首先，要準備別人還價，所以先得把價開上去，來個漫天要價，高達實際售價的二倍。殺不到這個價的，是我白賺，殺到這個價以下的，一律不賣，主動權都在我手中。

其次，對於買方的每一挑剔，都要給予積極的回答，使毛病不成其為毛病。如果所有批評都給駁回去了，說不定這個價格也就站住了。現實生活中，猶太商人特別擅長說服別人。談判價格之前，他們就會預先準備好足夠的資料，用於說服對方，或者進一步提供給對方去說服他們的對方。

最後，對買方的明顯失誤，不可掉以輕心，更不可以為買方的失誤弄得過於緊張，自以為得計而實際上連本都賺不回來：殺價再厲害，二十元的成交價必定還保留利潤在內，而五十元假鈔票收進，就等於白送了。

真的吃透了這幾條討價還價厚黑學，並運用自如，在一般市場上使用是足夠了。

8 心狠手辣，小魚吃掉大魚

必須加倍努力以謀求生存。

——塔木德

經商厚黑學者說：「市場上不相信眼淚，市場競爭的勝利與懦夫無緣。」在強大的對手面前，必須拿出以命相拼的勇氣，與對手競爭，才能搶占市場中的制高點。厚黑之士往往以以「小」搏「大」的驚人膽量，做出「小魚吃掉大魚」的非常規舉動。

厚黑商人經商從來不畏強手。

薩奇廣告公司雖然白手起家，但公司從一開始就放眼國際市場，人們順著薩奇公司大肆兼併同行的軌跡可以看出薩奇公司「小魚吃大魚」的謀略厚黑競爭。

一九七二年，薩奇兄弟在兼併同行對手方面初戰告捷。

一九七六年，他們更是一鳴驚人，居然買下康普頓廣告股份公司英國分公司的絕大部分股票。這家公司在倫敦註冊，論規模是薩奇公司的兩倍。小魚吃掉了大魚。於是，薩奇兄弟得以在倫敦股市登記註冊，進入股票市場，通過控制股權的形式掌握了較多的子公司，為公司日後的多樣化發展奠定了基礎。

繼兼併康普頓的英國分公司後，薩奇兄弟又毫不留情地一口吃掉了英國好幾家廣告公司。一九七九年，公司以五百六十萬英鎊的價格購買了加洛特控股公司，此舉使公司在倫敦站穩了腳跟，成為英國最大的廣告業集團。

一九八二年，在廣告史上最大的一次合併中，薩奇公司出資五千五百萬美元將紐約康普頓公司納入自己的控制範圍，取得了該公司在三十多個國家的經營權。薩奇公司此舉不僅首次打進了美國廣告界，而且為在全球擴張業務奠定了基礎。

對於這家已有七十五年歷史、資金雄厚，但發展遲緩的康普頓廣告公司，薩奇公司從倫敦派了一個新的總經理，期望恢復其在市場上的聲譽。在兩年內，這家公司的利潤率從七％提高到了十％。

為了穩固在美國紮下的基礎，薩奇公司又於次年以一千七百五十萬美元買下了兩家中等規模的廣告公司，獲得了一大批善於創新的廣告專業人才及設備。

同年十二月，薩奇公司出售了三千一百萬美元新發行的美國儲備股票。一九八六年，薩奇公司的股票上漲了十八倍。

之後，薩奇公司又花了幾個億的投資兼併了幾家各行業的公司，獲得了大量的管理諮詢調研人才、公關人才以及銷售人才，成為世界上最大的廣告公司。

驅使薩奇兄弟建立大型公司的動因並不僅僅來自於他們對金錢和權力的渴求。雖然，在兄弟倆的一些觀點、言論中也可以找到某些金錢和權力的影子。但是，他們之所以想建立一個世界規模的廣告公司還有其商業上的理由。

因為他們相信，未來是屬於一小批像他們那樣的大人物的。他們認為，世界上大多數市場拓展得非常緩慢。與此同時，現代化使得人們要同樣的東西和以同樣的方式生活，這個世界在文化上變得越來越相似。一個多國公司可以由於這種相似性而在世界範圍內，或者至少在若干大的市場上，以同樣的方式銷售同樣的產品，從而在那些規模稍次一點的競爭對手無法取勝的經濟範圍內獲得成功。

無疑，這種論點對公認的市場正統觀念是一個大膽挑戰。後者主張公司應研究每個市場的具體需求並相應地改變調整它們的產品經營方針。

薩奇公司之所以迅速發跡，就是由於兄弟倆敢於打破地區差別，不畏強手，同心協作的結果。

厚黑商人「小魚敢吃大魚」的厚黑競爭策略是非常有效的，它能給一個公司帶來生機。只要你有膽量，小魚照樣能把大魚吃掉。

猶太人認為，不懂競爭的人，永遠都不會成為富翁。但是，競爭卻不是盲目地競爭。

9 以利相誘，誘其上鉤

應該由心來操縱舌頭；而不應該由舌頭來操縱心。

——塔木德

厚黑學主張，競爭時針對競爭對手的某種心理，採用以利引誘的厚黑之術，刺激對手的胃口，進而操縱和控制對方，使對方陷入預先設置好的圈套，來達到制勝的目的。

在商業中，任何人都希望獲得利益，正是在這種心態下，商業夥伴之間既是合作夥伴，又是競爭對手。厚黑商人深深地明白這個道理，因此他們經常會做一些先給對方一些利益，再自己獲利的事情。

洛克菲勒在奪取美國石油核心地帶——賓夕法尼亞產油區時，就採用了先給對方利益的方法。

當時，賓夕法尼亞的石油嚴重過剩，油價暴跌，每桶只有二美元多一些。這時成為洛克菲勒進軍賓夕法尼亞的機遇。但是，他做出的第一個決定竟然是：以每桶四·

七五美元的高價大量收購原油。

這令所有的人都瞠目結舌，因為這無疑是賠本的買賣。

但是，這卻是洛克菲勒的如意算盤。

果然，許多石油商聽到這個消息後，都與美孚石油簽訂合同開採石油。原油業主們都不假思索地擴大了規模，瘋狂開採石油，石油開採被推向了高潮。但是，石油商們都沒有考慮到，合同中是否保證長期以每桶四・七五美元的收購價來收購石油。

結果，美孚石油公司在瘋狂採購了二十萬桶原油後，突然宣佈中止合約。這個決定讓原油業主們無法接受。但是，美孚石油公司的解釋是：石油市場供過於求，公司無法繼續高價收購，今後只能以每桶二美元的價格買進原油。

這時，原油業主們才意識到中了洛克菲勒的圈套，但是已經為時已晚。因為他們已經花費了巨額的貸款用來購置採油設備，繼續開採會大幅虧本。最後，他們不得不被美孚吞併。

在這裡，洛克菲勒剛開始的做法，實際上給了石油商們一個暗示，那就是「跟洛克菲勒合作是有利可圖的」。但是，他們卻忘記了一個事實，那就是：世界上沒有免費的午餐，做生意不可能永遠一方獲利，一方受損。結果，他們最終敗在了洛克菲勒手上。

厚黑商人最善於運用「心理暗示術」，因為他們明白暗示的最大好處是，暗示者什麼也不需要允諾，而受暗示者就會自己給自己作出種種「投己所好」的允諾。但既然是自己的允諾，事後就只能怪他自己，而絲毫牽涉不到暗示者。

厚黑商人在運用暗示獲得利潤的過程中，總結出了心理暗示過程一般要經歷兩個階段的結論。首先使對方產生某種想法，然後再根據想法而採取行動。即針對不同的商品、不同的人應採取不同的策略。

例如，我們常見的一種暗示叫命令性策略暗示。這種策略是使消費者直接了解內容和目的，使他們產生某種危機感，迫使自己採取行動。如「數量有限，欲購從速」、「緊急行動，除夕大贈送」、「清倉大甩賣」以及「放血」、「跳樓」之類的暗示。

現代生活都非常緊張，消費者沒有時間去考慮你為什麼甩賣。因此，這種暗示要讓消費者產生條件反射，「跳樓大甩賣」會使消費者想到降價甩賣，於是就會產生購買的衝動。

現實生活中，我們每個人都在運用著暗示，只是有些高明些，有些愚蠢些，如果能巧妙地把它運用在商業活動上，加上恰當的操作，應該是一個不錯的方法。

10 兵貴神速，先人一步進佔市場

富人早一步行動，窮人晚一步跟進。早一步往往是機遇，晚一步卻常常是陷阱。

——佚名

經商厚黑學主張，以出人意料的神速出擊，來搶占市場，就會造成神兵天降的驚人效果，在競爭對手都沒做出反應的時候，已經奇跡般地把勝利抓在了自己的手中。

行動迅速是厚黑商人的一個最大特點。商機不等人，市場競爭是講究兵貴神速的。以迅雷不及掩耳之勢迅速出擊，就能在商戰中搶占先機，先人一步進佔市場，確立自己在市場上的優勢地位。

市場經營是非常講究時間成本的。所謂的時間成本，就是指商家在時間上的投入、產出比。顯而易見，在時間上投入得越長，時間成本就會相應地越高。每個人的時間成本都是不一樣的，高素質員工的工作效率很高，他所使用的時間成本會低於普通員工的好幾倍。

「兵貴神速」，是一句戰場上的至理名言，只有用最快的速度來採取行動，才能搶占先機，首先佔領戰場上的有利地勢，給敵人以有力的打擊，才能取得勝利。

阿曼法・哈默是美國著名企業家，被譽為「萬能博士」，他曾成功地涉足古董業、釀酒業、養牧業、石油業等多個行業，都取得了可喜的成功；他還曾勇敢地來到人生地不熟的蘇聯，做成了許多生意，被列寧譽為「紅色資本家」，賺得了億萬財富。

哈默天生具有經商才能，十八歲那年，他已成為大學生中的第一個百萬富翁。一九二一年，哈默還只有二十三歲，就做出了一個驚天動地的決定，要到蘇聯去經商。

他的決定在當時的美國人看來，無疑是十分瘋狂的，有人善意地規勸他，有人惡意地諷刺他，更有人大膽地斷言他的這一做法相當於「到月球上去探險」。

但哈默堅持自己的原則，毫不動搖。他看到了剛剛建立的蘇聯對各類物資的極度需求，而這正是他遠涉重洋、做成大筆生意的重要前提條件。想到就要做到，兵貴神速，他立刻組織了一個流動醫院，攜帶大批醫療器械和藥品，浩浩蕩蕩地向蘇聯進發。

當時的蘇聯缺糧少藥，瘟疫橫行，餓殍遍野，哈默把他帶來的價值十萬美元的醫療設備無償贈送給蘇聯，用於拯救飽受疾病折磨的蘇聯人民，贏得了蘇聯政府和人民的普遍歡迎，為他在這裏從事商貿活動打下了良好的基礎。

饑荒正在蘇聯大地上蔓延，哈默抓住時機，從美國販來價值一百萬美元的小麥，賒銷給蘇聯政府，頓時成了蘇聯政府的座上賓，列寧親自接見了他，對他大加讚賞，還特別給予他在蘇聯從事工商業活動的特許權，為他做成更大的生意提供了極大的便利。

於是，蘇聯那無法估算的自然資源都慷慨地展現在他的面前，任由他進行開採，滾滾財富向他不斷湧來。

他看到蘇聯鉛筆奇缺，供不應求，就很快採取行動，開設了一家鉛筆廠，滿足了蘇聯市場的需要，僅建成投產的第一年，他就淨賺一百萬美元。

他看到蘇聯擁有價值獨特的大批古董和藝術品，就不失時機進行收購，然後再運回美國舉行展覽，獲得了空前的成功。在聖路易斯展銷的第一個星期，平均每天就有二千餘人光顧，票價收入高達幾十萬美元。而當時的美國正處於經濟大蕭條時期，他的輝煌不能不說是一個奇跡。

他頻繁往來于美國和蘇聯之間，成功地促成了美國三十多家大公司與蘇聯之間的商業往來，還成為福特汽車公司、艾查機械設備公司等一批著名公司駐蘇聯的代表，受到了東西方的歡迎，為自己收穫了巨大的財富。

從他所採取的一系列行動中，我們看到了「兵貴神速」計謀的巨大成功。時時刻刻走在別人前面，當別人都還沒有對眼前的商機做出反應的時候，我們已經開始了果敢的行動；當別人也想採取類似的行動的時候，我們已經把財富收入囊中了。

以迅雷不及掩耳之勢迅速出擊，就能在商戰中搶占先機，先人一步進佔市場，確立自己在市場上的優勢地位。

Chapter 4

一本萬利，用別人的錢賺錢——猶太人厚黑投資技巧

厚黑學說，老謀深算者極力追求一勞永逸、一本萬利的結局。這對於投資而言，可謂是一語道破。厚黑商人的投資一般都會帶有一定的投機色彩。這一點和精明的猶太商人頗為相似。猶太人善於借用各種資源，但是他們更是高明的資本獵手，善於用最少的錢去做最大的生意。猶太厚黑投資家一度攪動全球金融市場，翻江倒海，刮去了許多國家的財富，掏空了成千上萬人的荷包，一度成為眾矢之的。但他卻坦然而言：投資貨幣市場只是為了賺錢。又一次讓人們領略了猶太鉅賈的厚黑斂財之道的威力。

1 浪尖上才能捕到大魚

要想有大的作為，就得打破既有的成見。——塔木德

經商厚黑學認為，做生意就是一場冒險之旅，在不違背法律的前提下，誰敢於冒險，誰就會獲勝，因為越是危險的地方越是有高額的利潤。這就是厚黑商人的經商哲學。

厚黑商人的生意經中有「只要值得，就要去冒險」的信條，這樣大膽地在風險中淘金的做法，是厚黑商人獨具一格的一種投資術。

美國金融巨頭摩根就是一個典型的敢於做出驚人投資策略的厚黑商人。

十九世紀末，支撐美國產業界運輸體系的台柱只有鐵路運輸，但如一盤散沙似的各段鐵路都無法勝任這項重任。要想把分散的鐵路連接成網，組成一個鐵路聯合體，仍要向鐵路投入高額資金。這樣，鐵路對於投資銀行的依賴程度表現得相當突出。

隨著生產力的發展，企業社會化程度越來越高，各公司的聯合與吞併也越加頻

繁，借貸的資金額也越來越大。這就要求投資銀行不僅有雄厚的財產做後盾，更要有很高的信譽。

在這種嚴峻的形勢下，摩根創立的銀行——辛迪加成為新時期銀行投資業的榜樣。眾多破產的公司企業面對美國的經濟危機，把希望寄託在摩根身上，希望他能夠收購他們的公司，成為他們的救世主，使他們的公司得以新生。

他這次採取的是「高價買下」戰略。無論是西部鐵路，還是那些早已不符合當今發展要求的鐵路，他都要統統買下，以便能迅速整頓美國鐵路。

這次摩根對鐵路的大整頓，標誌著美國經濟由開發的初創階段，進入了現代的重視經營管理階段，徹底轉變了美國傳統的經營戰略與思想。他的成功，改變了美國經濟的發展方向。在華爾街則更是這樣，他的經營思想與管理方式成為華爾街紛紛模仿的對象，至今還有巨大的影響力。

在經歷了從「海盜式」經營到形成辛迪加，進而到托拉斯，華爾街已從過去投機商的樂園，轉變成為美國經濟的神經中樞。華爾街日後成為美國經濟的發展標誌，並問鼎世界金融霸主的地位，摩根為此做出了不可磨滅的貢獻。

從摩根身上，我們發現，厚黑商人的投資術中充滿了風險與機會，他們寧可去嘗試在風險中賺錢，也絕不輕易地讓自己退出風險。這種「膽大心細，迅速出手」的投資術正體現了厚黑商人的經商風格。

「在別人不敢去的地方，才能找到最美的鑽石。」也就是說「高風險，意味著高回報」，只有敢於冒險的人，才會贏得輝煌人生。而且，那種面臨風險、審慎前進的人生體驗可以練就過人的膽識，這更是寶貴的精神財富。

做生意就像一場賭博，願意做別人不敢做的生意的人才是真英雄，厚黑之士深深懂得這一點：不敢冒險，永遠成不了富翁。

現在，每個企業的經營管理者都面臨著新產品的預測問題，每一件新產品進入市場，都是一次風險機會的抉擇。決定生產就要冒風險，而不冒風險就可能失去機會。但是，承擔風險不是不切實際的蠻幹，在大膽果斷的行動背後都必有深謀遠慮，必有細心的籌畫和安排。只有智勇相結合，精於計算，因利而動，才能獲取最大利益。

2 最安全的投資法則

有耐心的人能釣到大魚。

——塔木德

獵人捕獵需要耐心，見不到獵物是不會撒鷹的，以免打草驚蛇。厚黑商人也是一樣，他們絕不會盲目投資，他們在投資的時候「膽大心細，迅速出手」，投資之前會認真考察市場，一旦看準了之後就會立即把錢投出去。

里奇曼這個名字在美國和加拿大是家喻戶曉的，主要因為這個猶太家族在加拿大和美國有許多地產，同時還在加拿大開發石油。

這個家族的名字在這兩個國家的各城市都顯赫地出現，人們一見到這個名字的招牌或廣告，自然聯想到這裡又是「里奇曼地產王國」的地盤。據有關資料報導，該家族資產超過百億美元。

第二次世界大戰以後，里奇曼兄弟的父親森姆在巴黎住了下來，希望在這個花花世界找份工作，以圖尋個立足點。但是，戰後的巴黎亦千瘡百孔，百廢待興，極難找到工作。

森姆在走投無路之時，記起父親的話，「一有機會便做個商人，這是我們猶太人的本行」。「現在既找不著工作，迫使自己去做生意，這也是一個機會。」森姆自我安慰地想。

於是，他把僅有的幾十個法郎作為投資本錢，在街邊擺起流動小攤，賣些香菸、糖果之類小商品。不管白天黑夜或風雨交加，堅持擺攤。

經過幾年的臥薪嘗膽，森姆的小生意做得有起色了，他把幾年來賺的錢又去投資，租了一個小鋪子開店。

為了節省費用，他自己直接到生產廠家進貨，一切工作由自己包起來。

隨著時間的推移，他的子女也長大了，長子阿爾撥・里奇曼，次子保羅・里奇曼，三子拉富・里奇曼都成為小店的助手。

後來，森姆憑自己的生活經驗認識到，投資歐洲是個福利社會，環境雖好，但地方小，市場迴旋空間不大，加上稅收率高，經商不如美國、加拿大理想。經過反覆思考，他親自到加拿大、美國旅遊考察，決定投資這兩個市場。

一九五六年，森姆決定派三子拉富前往加拿大創業，在那裡投資設立一間瓷磚公司，從事瓷磚的買賣。戰後的加拿大，經濟已逐步由恢復走向發展，建築業一派興盛，對建築材料需求殷切。森姆把法國的質優款新的瓷磚運到加拿大，由拉富在那裡出售。由於鑽了市場的空檔，迎合了顧客的需求，生意十分好，一年多就賺了不少錢。

森姆看到加拿大市場的投資前景，於是決定舉家遷往那裡，親自主管瓷磚公司工作，使該公司業務更為迅速發展。

森姆．里奇曼一家到加拿大兩、三年後，在瓷磚經營中逐步與建築行業建立了密切關係，猶太人那種經商靈感由此應運而生，森姆覺得加拿大地產業更大有作為。鑒於此，里奇曼父子決定利用買賣瓷磚業務，從中了解市場動態和熟悉地產客戶，把自己的瓷磚生意作為跳板，儘快打入這個大市場。在此同時，里奇曼父子還把瓷磚經營範圍擴大，經營所有建築材料、裝修材料，隨著業務範圍擴大，接觸的客戶面也大了，更有利於進入地產業市場。

里奇曼一家的發跡，最突出的一點是深謀遠慮，謹慎投資，從來不盲目行動或急於求成。

為了探足地產業，他們先做試驗式經營。他們自有的建築材料業務，隨著生意不斷擴大需要租用大量的倉庫作為貨物周轉地，為此要支付不少租金。里奇曼父子決定自己建築一座大倉庫，這樣既可省掉每年支付大量租金，又可探索如何經營地產業務。

經過這麼試探，他們積累了經驗，此舉又使里奇曼的建築材料公司成為一個大型企業，聲名鵲起。

里奇曼兄弟在試建自己的倉庫地產業時，善於處處精打細算，節省各種不必要的費用，最後造價成本比別的廠家同類規格建築低了幾成。

一九六〇年代初，加拿大工商業迅速發展。特別是多倫多市，由於當時最主要的城市蒙特利爾的法國後裔鬧獨立，很多廠商轉移在那裡的投資或經營，移到多倫多市，這樣刺激了多倫多的房地產業連年成倍增長，價格上漲。里奇曼兄弟認為時機成熟，把大量資金投入地產業，自購土地進行廠房倉庫建築，然後將其出售或出租。就這樣，里奇曼兄弟的房地產業如日初升，閃耀著萬丈光芒。到一九六三年，他們的工業大樓已是多倫多市屈指可數的鉅子。

機不可失，時不我予。里奇曼兄弟在一九六五年投資二千五百萬加幣收購了多倫多市一家面臨倒閉的房地產公司，從中獲得六百英畝的地產和幾幢已落成的住宅大廈。里奇曼兄弟利用這塊地皮及大樓，發展商業和住宅區，用於出租。這一舉措由於購入成本低，建成後出租率高，租費不菲，因此獲得了極豐厚的利潤，使「里奇曼王國」的建立又邁進了一大步。

繼多倫多市的房地產業開發後，里奇曼兄弟擴張得很快，逐步向溫哥華、渥太華、蒙特利爾等大城市滲透，在加拿大各城市投資，建築樓房，大多數用於出租，少量用於出售。

一九七〇年代中期，美國紐約出現了金融危機，經濟呈現混亂局面。許多財團因資金流通不暢，慌了手腳，紛紛把產業出售，以圖應急。里奇曼兄弟憑其機敏的眼光和經營房地產的經驗，意識到時機已來臨。他們果斷地投入三・二億美元，在紐約最繁華的曼哈頓地區購入八幢商業大廈；一九七七年是那裡房地產價格處於低谷時期，從購入後，不到十年時間，這八幢大廈升值至三十多億美元。

繼這一行動後，里奇曼兄弟著手更大的投資，用十五億美元在紐約興建「世界金融中心」。如此龐大的投資行動，使美國各界人士無不驚歎或擔心。但實踐證明，里奇曼兄弟是成功的。「世界金融中心」建成後，幾年間租金收入就超過十億美元。

進入一九八〇年代，里奇曼兄弟又在加拿大多倫多投資大工程，耗資十二億美元建成近百層高的多倫多商業大廈，是目前加拿大最高大的大樓，專供辦公和商業用樓租用，出租率也很高，投資回報率也較理想。

在一九七〇年代末，加拿大海灣發現有石油蘊藏。不久，一家加拿大海灣石油公司成立，投入不少資金開採海灣石油，經過幾年的建設，已具一定規模，但由於種種原因，該公司資金接濟不足，在尚未正式投入生產之時已難以為繼了。此時，里奇曼兄弟集團已成為加拿大最有實力的企業之一，海灣石油公司找到他們。最後，里奇曼兄弟投資三十億美元收購了這家公司。從此，里奇曼集團涉足石油業。

里奇曼集團獲得了加拿大海灣石油開發權後，再分別投入三十三億美元，使該公司成為石油開發、原油精加工、石油副產品綜合利用的基地。同時，為了籌集資金，里奇曼兄弟把這家公司改為股份制。經過一番的籌畫和改組，在一九八〇年代末已正式投產，效益甚為可觀。

里奇曼兄弟已成為加拿大首富了，但他們的經歷告訴人們：無論是投資幾十法郎擺雜貨攤，還是投資幾十億美元搞房地產或石油業，都要謹慎小心，心裡時刻揣著危機感。

猶太商人認為，做生意不能太貪心，剛剛起步不能什麼都想做，這樣反而會什麼也做不好。要從無到有，從小到大地慢慢聚集財富。還必須把每一次的生意做到位，然後再為下一次生意開路。

事實正是如此，儘管每一項投資行為所帶來的利潤與其風險是成正比的，但是高利潤的背後必然隱藏著高風險；相對而言，高風險投資常能帶來高利潤。所以，對於一般的投資人，在資金並不寬裕的情況下，高風險投資的比例，千萬不可超過本身所能負荷的能力，以確保投資安全。

猶太商人認為，不論你即將投身於或者已經投身於投資市場中，切莫忘記隨時衡量自己是否有充裕資金投入，隨時警惕自己不要遊走於彈盡糧絕的邊緣。

《塔木德》指出：「本金有安全保障的投資才是第一流的投資原則。為求高利潤而喪失本金的投資事業，是愚蠢的冒險。作為投資者，不要被急於發財的心情所蒙蔽，必須要仔細調查研究，當你有了充足的證據，而且沒有冒險成分存在的時候，才可以拿出部分金錢來投資。」

可見，投資最忌諱的就是不顧後果的一頭往裡栽，這是一種危險的投資行為。所以，每個投資人都應有計畫、有目標，並留有充分餘地做一個胸有成竹、遊刃有餘的投資玩家。

同時，不要把所有鈔票放在同一個口袋裡。當你開始實施自己的投資計畫時，千萬不要把所有的資金全部投注在同一商品，或者同一性質的物品上，可將資金分散，如此既可分散風險，也可避免血本無歸。這是最安全的投資法則。

3 錢滾錢，利滾利

錢是可以借用的，而時間絕不可以借用，時間遠比金錢寶貴。

——塔木德

在猶太人眼裡，大多數人的簡單勞動並不十分重要，特別是體力勞動，重要的是那些能解決問題，並產生社會價值和經濟效益的智慧和主意。在這個資本主義社會裡，好的主意和資本永遠是最缺乏和最重要的。世界上大多數人是窮的，這是任何人都無法改變的事實。但窮是可以改變的，要想改變窮的狀況，需要了解富人與窮人之間的區別。比較一下富人與窮人之間的不同之處，不是簡單的錢和資產的懸殊，而是理念、思維方式和性格上的不同。窮人思想封閉，害怕風險，比較感性；富人思想開放，勇敢而理性。人人都想賺錢，但賺錢方式不同。窮人的錢放在銀行裡，而富人的錢放在投資和保險公司的帳戶上。窮人的錢在為政府和富人工作。富人是用自己的錢和窮人放在銀行裡的錢為他們工作。窮人不能責怪富人，因為窮人自願把錢放在銀行，而銀行需要把錢借給會賺錢的富人去賺錢。你知道嗎？當你把錢存在銀行，活期利率每年一・二五％左右，而每年的通貨膨脹三・五％左右，實際回報是二・二五％，並且銀行的利息收入是百分之百需要交稅的。在加拿大每個省的個人稅的稅率不同，安大略省的個人稅的稅率分別在十七％、二十六％、四十九％左右。只有銀行和政府永遠是贏家。所以，富人買銀行股票比窮人把錢存在銀行要強得多。

猶太人認為，世界上唯一可以成為富翁的方法就是用錢去賺錢，否則只能給人打工，用自己的體力，在生活的路上苦苦掙扎。現在，你面臨的是可以改變這一切的機會，用市場倍增法去賺錢，美國有二十％的百萬富翁是靠此致富的，我們也可以借鑒一下。

「人兩隻腳，錢四隻腳。」兩隻腳與四隻腳的倍數關係，是在說明累積財富的不易。所謂「受誘惑的速度，永遠比賺錢的速度快」更一針見血地指出，現代人在極致繁華之消費時代裡的理財窘境。年輕人也應該學會如何去看待財富，如何讓自己的錢具有運動的生命。所以，為了遠離窘境，快樂幸福地過日子，在選定職場衝刺之後，如何建立起「錢滾錢」的理財觀，也是很重要的課題。

剛成為社會新人時，一切皆從零開始。為了進一步深造、累積財富潛力，甚至是為了自己未來創業當老闆，需要一筆可觀的資金，而這筆錢通常都是靠著我們省吃儉用、開源節流而來的。因此，在此階段的理財戰略是，一方面靠兼差方式，盡量提高每個月的固定收入；另一方面則運用現金流量表、家庭日記帳等簡單工具，確實降低生活費用，以求在最短時間內，累積一筆可觀的資金。

這個階段唯一的理財方式就是儲蓄，不管是銀行、存定期存款，悉聽尊便，唯一的禁忌就是：從事高風險性的金融投資活動。

有些剛踏入社會的新人太過心急，一畢業就從事期貨、股票等高風險的投資活動，甚至不惜向父母、親友借貸大筆資金，這是很危險的行為。在經驗不足的情況下，一旦血本無歸，就得比別人再多奮鬥好幾年，更恐怕會因此喪失衝勁，可以說是損失慘重。

等到你手邊的錢超過十萬元以後，你大概也已經開始進入投資理財的第二個階段。此時你已在社會上工作四、五年以上，日常生活費用約只占你薪水的三分之一，於是，你銀行存摺的數位愈來愈多。隨著時光的流逝，以及閱歷的累積，你將有越來越多的投資機會，而可供你借貸的地方也會愈來愈多，自然你也會有愈來愈多的機會可以用錢賺錢。就此良機，你算是踏上人生理財的大轉捩點了。

如果你是個冒險家，風險愈大你愈快樂，此時你可能會緊緊抓住每一個投資機會，不管是創業、買股票、從事期貨，樣樣不放過，運氣好的話，你可能很快地就可以達到五十萬元年薪的目標；運氣不好則會被龐大的利息、債務壓得喘不過氣來；辛苦賺來的薪水，有一半進了債主的口袋裡，畢竟，愛拚不一定會贏！

至於大部分的人，既不是酷愛刺激的冒險家，也不是極端的保守主義者，雖然手中擁有一張股票時不會擔心得睡不著覺，但股票多了，晚上還是會輾轉難眠，因此，只有多找幾個籃子，把雞蛋分開來放。有句時髦話，就是學會安排屬於自己的投資組合。

這一個階段的投資理財策略，可從第一階段的多看不做，提升為多看少做，尤其盡量不要從事孤注一擲式的搏命投資；就算擴張信用，借錢投資，至少也要控制在薪水足以支付每月利息支出的額度以下。因為來日方長，歷史總會重演，一旦時機成熟，本身資金也累積到一定數目，用錢滾錢的理財最高境界，自然會水到渠成。

當你房子買了，車子買了，也組建了屬於自己的小家庭，這時，你便進入了人生理財的第三階段。在這個階段，首先你必須開始規劃一輩子的現金流量，如果經過一番精打細算之後，發現自己會入不敷出，晚景淒涼，那麼開源節流、兼差打工的生活還是不可免的。如果你發現自己收入頗豐，支出不大，未來會頗有積蓄，那麼不妨以一部分資金大膽地從事「以錢滾錢」的金錢遊戲，因此，所謂的投資組合式，可以在這一階段發揮得淋漓盡致。在你的投資組合中，你可以把資金分成兩部分：第一部分仍放在定存、活存、行會及公債中，這部分每年會有固定的利息收入，除了公債之外，本金並無虧損的風險，且兌現的速度快，可供不時之需。第二部分，你不妨把資金放在股票、黃金、共同基金，甚至高風險高報酬的外幣及期貨投資上。

但不管做什麼投資，你都必須有血本無歸的心理準備，而且就算血本無歸，也必須不會影響你的基本日常生活開支，否則就犯了投資過度、風險過高的兵家大忌。

其次，在這一個階段，如果你有房子、車子，也結了婚、有了孩子，那麼，保險是你理財規劃中不可或缺的一環。正所謂「不怕一萬，只怕萬一」，一旦你半生辛苦所買下的房子在一場大火中付之一炬，一切從頭來的打擊是會令人難以招架的。因此，火險、車險、壽險等保險規劃，都是這一階段必修的課程。

如何用好自己手中的錢，是關係到一個金錢的大問題，也是人生能不能獲得滾滾財富的大問題。成為富翁只有一個途徑，用好自己手中的錢，讓錢來生錢。

塞滿錢包並不是十全十美，但是錢包空空卻是不可原諒的罪惡。

4 不要把儲蓄變成嗜好

一塊沉入紅海的金子和一塊石頭沒有什麼區別。

——塔木德

俗語講：「有錢不置半年閒。」這是一句很有哲理的生意經。就是說做生意要合理地使用資金，千方百計地加快資金周轉速度，減少利息的支出，使商品單位利潤和總額利潤都得到增加。

有一天，一個猶太財主將自己的財產託付給三位僕人保管與運用。他分別給了第一位僕人五份金錢，第二位僕人二份金錢，第三位僕人一份金錢。猶太財主對他們說：「一定要好好珍惜並妥善管理自己的財富，一年後，我將來看看你們是如何處理這些金錢的。」

一年後，當猶太財主再回來查看他的財富時，三位僕人的做法各不相同。

第一位僕人說：「我拿到這筆錢後進行了各種投資。現在，您給我的金錢已經增加了兩倍！」猶太財主聽了非常滿意。

第二位僕人說：「我拿到這筆錢後買下原料，製造商品出售。現在，我的金錢也增加了一倍。」猶太財主也很滿意。

第三位僕人說：「唯恐運用失當而遭到損失，所以我將錢存在安全的地方，今天將它原封不動奉還。」

猶太財主聽了大怒，罵道：「你這愚蠢的僕人，竟不好好利用你的財富！」

第三位僕人受到責備，不是因為他亂用金錢或者投資失敗遭受損失，而是因為他把錢存在安全的地方，根本未好好利用金錢。

多數人認為錢存在銀行能賺取利息，能享受到複利，這樣就算是對金錢有了妥善的安排，已經盡到理財的責任。事實上，利息在通貨膨脹的侵蝕下，實質報酬率接近於零，等於沒有理財。因此，錢存在銀行等於是沒有理財。

每一個人最後能擁有多少財富，難以事先預測，唯一能確定的是：將錢存在銀行而想致富，難如登天。試問：「你曾否聽說有單靠銀行存款而致富的人？」將所有積蓄都存在銀行的人，到了年老時不但無法致富，常常連財務自主都無法達到，這種例子時有所聞。

選擇以銀行存款作為理財方式的人，其著眼點不外乎是為了安全，但是每個人必須了解：「錢存在銀行短期是最安全，但長期卻是最危險的理財方式。」

通常貧窮人家對於富人之所以能致富，較負面的想法是將富人致富的原因，歸諸於運氣好或者從事不正當或違法的行業。較正面的看法是將富人致富的原因，歸諸於富人較我們努力或者他們克勤克儉。但這些人萬萬沒想到，真正造成他們財富被遠遠拋諸於後的，是他們的理財習慣。因為窮人與富人的理財方式不同，富人的財產多是以房地產、股票的方式存放，窮人的財產多是存放在銀行。

著名的美國通用汽車製造公司的高級專家赫特曾說過這樣一段耐人尋味的話：「在私人公司裡，追求利潤並不是主要目的，重要的是把手中的錢如何活用。」

猶太人這種「不作存款」的祕訣，是一門資金管理科學。

當年的普利策千方百計找到聖路易斯的一家報社，向老闆求一份記者工作。一開始老闆對他不屑一顧，拒絕了他的請求。但是，普利策反覆自我介紹和請求，言談中老闆發覺他機敏聰慧，勉強答應留下他當記者，但有個條件，半薪試用一年後再商定去留。

為了實現自己的目標，普利策全力投入該工作。他勤於採訪，白天認真學習和了解報社各個環節的工作，晚間則不斷地學習寫作及法律知識。

他寫的文章和報導不但生動、真實，而且法律性強，不斷引起社會的非議和抨擊，吸引了廣大讀者。老闆高興地吸收他為正式工，第二年還提升他為編輯，他的收入也因此增多了，開始有點積蓄。

幾年後，他對報社工作瞭若指掌了，決定用自己的一點積蓄買下一家瀕臨歇業的報社，開始創辦自己的報紙了。他將該報取名為《聖路易斯郵報快訊報》。

普利策自辦報紙後，資本嚴重不足，但他善於借用別人的力量，使用別人的資金，很快就度過了難關。

他怎麼借用別人力量的呢？

十九世紀末，美國經濟開始迅速發展，商業開始興旺發達，很多企業為了加強競爭，不惜投入鉅資做宣傳廣告。普利策看準了這個焦點，把自己的報紙辦成以經濟資訊為主，加強廣告部，承接多元的廣告。

就這樣，他利用客戶預交的廣告費使自己有資金正常出版發行報紙，發行量越來越大。開辦五年，每年為他賺了十五萬美元以上。他的報紙發行量越多，廣告也越多，他的收入進入良性循環。不久他發了財，成為美國報業的巨頭。

普利策能夠從兩手空空到腰纏萬貫，是一位做無本生意而成功的典範。他一開始分文沒有，靠打工賺的半薪，然後以節食縮衣省下的極有限的錢，一刻不置閒地讓錢滾動起來，使其發揮更大作用。這就是「不作存款」和「有錢不置半年閒」的展現，是經商成功的一個訣竅。

這個世界上或許沒有比投資更好的賺錢手段了，賺錢的目的是為了留住錢，而好的投資不僅可以留住錢，還可以賺取更多的錢。

5 把投資當做一種挑戰

上帝把錢作為禮物送給我們，目的是讓我們購買這世間的歡樂，而不是讓我們攢起來還給祂。

——塔木德

厚黑商人善於借用各種資源，但是他們更是高明的資本獵手，善於用最少的錢去做最大的生意。

有三個人要被關進監獄三年，監獄長給他們三人一人一個提要求的機會。

美國人愛抽雪茄，要了三箱雪茄。

法國人最浪漫，要一個美麗的女子相伴。

而猶太人說，他要一部與外界溝通的電話。

三年過後，第一個衝出來的是美國人，嘴裡鼻孔裡塞滿了雪茄，大喊道：「給我火，給我火！」原來他忘了要火。

接著出來的是法國人。只見他手裡抱著一個小孩子，美麗女子手裡牽著一個小孩子，肚子裡還懷著第三個。

最後出來的是猶太人，他緊緊握住典獄長的手說：「這三年來我每天與外界聯繫，我的生意不但沒有停頓，反而增長了二倍，為了表示感謝，我送你一輛勞斯萊斯！」

這個故事告訴我們，只要合理，即使身陷囹圄也可以照樣投資賺錢。關鍵在於你在一種境遇下做出什麼樣的選擇，什麼樣的選擇決定什麼樣的生活。

著名的飯店大王希爾頓曾經被迫離開家庭，但是即使在這種困境下，希爾頓仍然沒有放棄投資和經營。

一天，希爾頓正在街道上逛街，發現整個繁華的優林斯商業區居然只有一個飯店。希爾頓心想：我如果在這裡建設一座高檔次的飯店，生意肯定會很興隆。

儘管當時的希爾頓只有五千美元的資本，但是他還是認真研究了一番，最後認為位於達拉斯商業區大街拐角地段的一塊土地最適合做飯店用地。當希爾頓知道這塊地皮的所有者是一位叫老德米克的房地產商人之後，馬上就去找他。但是，老德米克給他開的價格是三十萬美元。

希爾頓又找來建築設計師和房地產評估師，讓他們按照自己的想像對他的「飯店」進行測算，建造這樣一個飯店需要多少錢。最後，建築師告訴他起碼需要一百萬美元。

就是在僅有五千美元的情況下，希爾頓還是決定買下這塊土地來蓋飯店。但是，他先用這五千美元購買了一家小型的飯店，並不斷地使之升值。不久，希爾頓就有了五萬美元。然後，希爾頓找到一位朋友，請他一起出資建設希爾頓飯店。兩人籌集了十萬美元，但是這些錢連買地皮的錢都不夠。

但是，希爾頓再次找到老德米克，簽訂了買賣土地的協定，土地出讓費為三十萬美元。然而，就在老德米克等著希爾頓如期付款的時候，希爾頓卻對土地所有者老德米克說：「我買你的土地，是想建造一座大型飯店，而我的錢只夠建造一般的飯店，所以我現在不想買你的地，只想租借你的地。」

老德米克有些生氣，表示不願意和希爾頓合作了。但是，希爾頓非常認真地說：「如果我可以只租借你的土地的話，我的租期為一百年，分期付款，每年的租金為三萬美元，你可以保留土地所有權，如果我不能按期付款，那麼就請你收回你的土地和在我這塊土地上所建造的飯店。」

老德米克一聽，轉怒為喜，說：「世界上還有這樣的好事，三十萬美元的土地出讓費沒有了，卻換來近三百萬美元的未來收益和自己土地的所有權，還有可能包括土地上的飯店。」

於是，這筆交易就談成了，希爾頓先支付了老德米克三萬美元。

但是，要想在土地上建造飯店需一百萬美元，希爾頓手頭只有七萬美元，怎麼辦？

於是，希爾頓又找到老德米克，對他說：「我想以土地作為抵押去貸款，希望你能同意。」老德米克儘管非常生氣，但還是同意了他的要求。

就這樣，希爾頓擁有了土地使用權，並從銀行順利地獲得了三十萬美元，加上他自己的七萬美元，他就有了三十七萬美元。

在這種困境下，希爾頓還是沒有氣餒，他又找到一個土地開發商，請求他一起開發這個飯店。結果，這個開發商給了他二十萬美元。這樣，希爾頓的資金就達到了五十七萬美元。

一九二四年五月，希爾頓飯店終於開工了。但是，當飯店建設到一半的時候，五十七萬美元已經全部用光了，希爾頓又陷入了困境。

這時，他還是來找老德米克，如實介紹了資金上的困難，希望老德米克能出資，把建了一半的建築物繼續完成。他說：「如果飯店一完工，你就可以擁有這個飯店，不過您應該租賃給我經營，我每年付給您的租金最低不少於十萬美元。」

實際上這時的老德米克已經被套牢了，如果他不答應，不但希爾頓的錢收不回來，自己的錢也一分都回不來了，他只好同意。當然，最重要的是，老德米克認為自己並不吃虧——建希爾頓飯店，不但飯店是自己的，連土地也是自己的，每年還可以拿到十萬美元的租金收入。

一九二五年八月四日，以希爾頓名字命名的「希爾頓飯店」建成開業，從此，希爾頓的人生步入了輝煌時期。他的身價也一路飆升至億萬富翁。

可見，困境並不可怕，可怕的是那種陷入困境的心態。如果一個人總是認為自己陷入困境而無法自拔，那麼他永遠不可能找到解決問題的辦法，永遠不可能作出挑戰自我、挑戰人生的舉動。而那些不把困境當地獄的人，總是能夠想著怎樣去解決問題，怎樣去經營自己的人生，結果他們往往能夠獲得成功的喜悅。

6 保持理性的投資心態

照耀人的唯一的燈是理性，引導生命於迷途的唯一手杖是良心。

——海涅

在猶太商人看來，投資的獲利性和風險性是相生相衍的，通常獲利愈高的投資，相應的風險也就愈大；但往往較高的風險常伴隨著更大的回饋率。得失之間，如何判斷和預測，要看投資人的心態而定了。

傑克．韋爾奇提出，他們對敢於做出驚人投資策略的商人最為崇拜，但投資的基礎是正確的戰略決策。決策者必須熟知自身條件和外部環境，從長遠、從全局、從效益，慎重仔細、深思熟慮，「跳出束縛，眼光看開」是猶太人的商業精髓。

對於真正的大商人來說，錢對他來說已經失去了常人看待錢的那些意義，比爾．蓋茲就說過：「錢對我來說只是一些數字而已，我的工作是怎麼把這些數字變得更大！」

一八五九年，當美國在賓夕法尼亞州泰特斯維爾出現了第一口油井時起，洛克菲勒這位精明的猶太商人就從當時的石油熱潮中看到了這項風險事業的前景。

於是，他在與合夥人爭購安德魯斯——克拉克公司的股權中表現出非凡的冒險精神。

拍賣從五百美元開始，洛克菲勒每次都比對手出價更高。當標價達到五萬美元時，雙方都知道，這個價格已經大大超出石油公司的實際價值。但是，洛克菲勒滿懷信心，決意要買下這家公司，當對方最後出價七．二萬美元時，洛克菲勒毫不遲疑地出價七．二五萬美元。最後，洛克菲勒戰勝了對手，獲得了該公司。

從此，年僅二十六歲的洛克菲勒開始經營當時風險很大的石油生意。後來，當洛克菲勒所經營的標準石油公司在激烈的市場競爭中控制了美國出售全部煉製石油的九十%時，他並沒有停止對財富的追求，仍然像一個冒險家一樣追逐著財富。

一八八〇年代，利馬發現了一個大油田，因為含碳量高，人們稱之為「酸油」。當時沒有人能找到一種有效的辦法提煉它，因此這種油只能賣一角五分一桶。

但是，洛克菲勒預見這種石油總有一天能找到一種方法提煉，他堅信這種油的潛在價值是巨大的，所以執意要買下這個油田。

當時他的這個建議遭到董事會多數人的堅決反對，最後他只得說：「我將冒個人風險，自己出錢去投資這一產品。如果必要，拿出二百萬美元、三百萬美元。」

洛克菲勒的決心終於迫使董事們同意了他的決策。

果然，兩年多時間，洛克菲勒就找到了煉製這種酸油的方法，油價一下子由一角五分一桶漲到了一元一桶，標準石油公司在那裡建造了全世界最大的煉油廠，獲利猛增到幾億美元。

董事會的成員們最後不得不承認，洛克菲勒比他們所有的人都看得遠，比他們所有的人都有更加強烈的冒險意識和追逐財富的能力。

可見，一個商人要永遠對財富保持熱忱，才能夠堅持對自己的財富進行打理。

既然知道投資時，需要投資在高報酬率的資產上，投資獲利需要漫長的過程，那麼我們應該知道，除了充實投資理論與技能外，更重要的就是及時的理財行動。理財活動應越早開始越好，並培養持之以恆、長期等待的耐心。

7 量入為出的投資準則

當用則用、當省則省。吝嗇在有的時候和節約一樣是一種優秀的品格。花一塊錢，就要發揮一塊錢的百分之百的功效。

——塔木德

對於投資之道，厚黑經商學認為，對資金必須要有愛惜之情，投資才會有所獲利，你越尊重你的資金，你的資金越會為你帶來更多的財富。量入為出是企業的投資者所奉行的投資準則。

猶太富商亞凱德說：「猶太人普遍遵守的發財原則，那就是不要讓自己的支出超過自己的收入，如果支出超過收入便是不正常的現象，更談不上發財致富了。」

有一次，猶太人亞凱德對一位自稱節儉的賣蛋人說：「假使你每天早上收進十個蛋放到蛋籃裡，每天晚上你從蛋籃裡取出九個蛋，其結果是如何呢？」

賣蛋人回答：「時間久了，蛋籃就要滿了！」

「這是什麼道理？」亞凱德故意問道。

「因為我每天放進的蛋數比取出的蛋數多一個呀。」賣蛋人回答。

「哦！」亞凱德繼續說，「現在我向你介紹發財的第一個祕訣，你們要照我告訴蛋商的發財祕訣去做。因為你把十塊錢收進錢包裡，但你只取出九塊錢作為費用，這表示你的錢包已經開始膨脹，當你覺得手中錢包重量增加時，你的心中一定有滿足感。」

「不要以為我說得太簡單而嘲笑我，發財祕訣往往都是很簡單。開始，我的錢包也是空的，無法滿足我的發財欲望。不過，當我開始放進十塊錢只取出九塊錢花的時候，我的空錢包便開始膨脹。我想，各位如果如法炮製，各位的空錢包自然也會膨脹了。」

猶太人的用錢原則就是這樣，只把錢用在該用的地方，他們認為不該用的地方，是一塊錢也不會花出去的。

崇尚節儉、愛惜錢財是世界富豪們成功的一個訣竅。

美國連鎖商店大王克里奇，他的商店遍及美國五十個州和世界許多地方，他的資產數以億計，但他的午餐始終都是一美元左右。

無論你擁有什麼，消費的時候都不能傾其所有。貧窮是人類幸福的一大敵人。它毫無疑問地破壞自由，並且它使一些美德難以實現，使另一些美德成為空談。節儉不僅是太平安逸的基礎，而且是一切善行的基礎。一個本身都需要幫助的人是絕不可能幫助別人的。我們必須先自足然後才能助人。

量入為出要求我們在安排自己的生活消費水準時，必須低於自己的收入水準，而不能高於這一水準。而要做到這一點，必須根據收支平衡的原則，擬訂並忠實地執行一個生活的計畫。量入為出其實是一種自我經營，不懂得自我經營，就隨時都有陷入債務陷阱的可能。

正視自己的日常事務，並且在錢財方面，量入為出，斟酌考慮，這是每一個人義不容辭的職責。這種對收入和支出的簡單算術運算有著極大的價值。

每個人都應該量入為出，按照自己的收入過日子。要做到這一點，最重要的是誠實。因為，如果一個人不是誠實地按照他自己的收入過日子，那麼他必定是虛偽地按照其他人的收入過日子。如果一個人對自己的消費缺乏長遠考慮，並且只顧自己的享樂，絲毫不為別人的利益著想，那麼，等到他發現錢的真正用途時，已經太遲了。這些揮霍浪費的人雖然天性大方，但是最後還是被迫去做一些骯髒醜惡的事情。他們貪圖一時的安逸享樂，花天酒地、揮霍無度，不得不提前去領取存款，提前領取工資，挖東牆補西牆，寅吃卯糧，結果必然是債臺高築，不得翻身，嚴重影響自己的行動自由和人格獨立。

猶太人的用錢觀念可歸結為：「努力賺錢是開源的行動，設法省錢是節流的反應。」看來，猶太人經商致富的祕訣不單是會做生意，還與他們善於節儉、不亂揮霍錢財有關。

是的，巨大的財富需要努力才能追求得到，同時也需要杜絕漏洞才能積聚，正如古人所說的「泰山不讓土壤，故能成其高；河海不擇細流，故能就其深」那樣，世界上有許多猶太人在成為屈指可數的大富豪後，仍堅持節儉，保持著猶太人那種愛惜金錢的精神。這是他們量入為出的用錢精神的真正表現。

8 分散投資，降低投資風險

考慮所有風險，甚至是最不可能出現的風險，也就是說，要時刻想到有意想不到的因素。

——科斯托蘭尼

厚黑商人認為，用錢追錢，跟人相比，當然要快很多。即「人找錢」要弱於「錢找錢」。所以要學會投資的本領。

猶太人認為，無論哪項投資，都存在著波動性，時好時壞，假如你把大部分的資產投入到一種投資中，也許你因押注大而得到了很大的回報，可是你一敗塗地的可能性也是相當大的。但是，如果你分散投資，你所投資的種類越多，你所得到好處的可能性就越大。分散投資的基本原理就是在風險與報酬間做一個合理的取捨。例如有一項投資組合含有十種股票，每種股票的期望報酬率介於十%～二十%。若投資者願意冒較大的風險時，那麼，他可能將所有資金投入報酬率為二十%的股票上，此時他獲取二十%的報酬率的概率是很低的；倘若他分散投資，他將以較大的概率獲取十五%的報酬率。如此便達到了降低風險的效果。它和將雞蛋分散放在不同的籃子裡一樣，即使一個籃子打翻了，還可保有其餘的蛋，講述的是同一個道理。

分散投資目標，就是增加投資的種類，例如購買股票時，不要只買一種股票，而是將投資金額分開，同時購買各種股票。投資資金比較大時，不要只投資在單一的投資目標，除了股票外，房地產、黃金、藝術品等都應分散投資。分散投資之所以具有降低風險的效果，就是憑藉各投資標的間不具有完全齊漲齊跌的特性，即使是齊漲或齊跌，其幅度也不會相同。

所以，當幾種投資組成一個投資組合時，其組合的投資報酬是個別投資的加權平均，因此幾個高報酬的組合在一起，仍能維持高報酬。但其組合的風險卻因為個別投資間漲跌的作用，而相互抵消部分風險，因而能降低整個投資組合不確定與不穩定的風險。隨著投資組合中投資種類的增加，投資組合的風險也隨之下降，這就是為什麼分散投資、增加投資種類，可以降低風險的道理。

組合投資標的齊漲齊跌的現象愈不明顯，或是報酬率呈現相反走勢的現象，則其分散風險的效果愈好。盡量選擇價格走勢與原有投資組合相反的投資標的，例如，黃金就是個分散風險的好標的。從過去黃金價格波動的情況看，它是個風險相當高的投資，但是黃金價格的走勢和股價走勢不是正相關，恰恰相反，通常股價在下跌時，黃金價格有上漲的傾向，尤其是遇上國際間重大事故，如戰爭、政變、通貨膨脹時，導致股價大跌，黃金價格反而上漲，所以它是個分散風險的好標的。若將此原則延伸至股票投資，為了達到分散效果，最好選擇不同產業的股票。因為共同的經濟環境會對同行業或相鄰行業的公司帶來相同的影響，只有不同行業、不相關的企業才有可能此損彼益。即使有不測風雲，也會「東方不亮西方亮」，不至於「全軍覆沒」。

在實際投資中，並不是投資種類越多越好。據經驗統計，在投資組合裡，投資標的增加一種，風險就減少一些，但隨標的的增多，其降低風險的能力越來越低。當達到一定量時，減少風險的能量就很少了，這時為減少一點點風險而增加投資標的可能得不償失，因為隨著標的的增多，支付的精力和銷售佣金等方面的費用都相應增加。所以，進行投資組合要把握一個「量」的問題。同時，投資組合並不是投資元素的任意堆積（如一些由高級債券所形成的投資組合的意義並不大），而應是各類風險投資的恰當組合，也就是說還要把握一個「質」的問題。最理想的投資組合體的標準是收益與風險相匹配，使投資人在適合的風險下獲得最大限度的收益。

不要只顧著分散風險，必須要衡量分散風險產生的效果，能否涵蓋管理所付出的成本。隨著投資種類的增長，風險固然下降，相對的管理成本卻因此而上升，因為要同時掌握多種資產的動向並非易事。

當然，分散投資並不是風險消除器。最佳的投資組合也只能消除特異性風險（即不同公司、不同的投資工具所帶來的風險）；而不能消除經濟環境方面的風險。風險管理的目的不是完全消除風險，只是了解風險、降低風險、駕馭風險。

猶太商人認為，公司如果有閒置資金就應當用來進行投資，這可以說是一種生財之道。但這絕不意味著這筆資金投出去就一定能賺錢，因為任何一項投資都必然存在著一定的風險。

投資與公司的命運緊密相連，是決定公司興衰存亡的關鍵。如何把握公司投資的因素，是確保投資成功的重要一環。影響公司投資的因素很多，其中下面幾個因素的作用尤為突出：

首先，市場需求動態。各種商品的供求狀況和發展趨勢都會透過市場反映出來。公司在進行某項投資之前，首先應該對此項投資所生產之產品的市場供求狀況進行預測。只有市場上有足夠大的容量，產品能順利銷售出去，才能進行投資。

其次，預期收益水準。投資的根本目的在於取得滿意的回報。預期收益水準對企業投資的回收速度及投資收益有著直接而重大的影響。預期收益水準只有高於同行業的基本收益率或資金的市場利率，公司投資才有效益。

最後，技術進步。事實上，投資常常就是出於技術進步的需要而進行的。

當某一行業的技術進步速度加快時，其內部的投資機會便會大大增加，從而引起該行業內廠商投資水準相應提高。在這種情況下，公司即便僅僅出於為維持生存著想，也會產生投資要求。當然，技術進步對公司投資需求水準的影響，並不僅僅限於其所發生的行業內部，由於各個產業部門之間存在著密切的相關性，它們互以對方的產品作為供求物品，所以，某一產業領域中技術進步的加快，往往會帶動其他產業領域投資水準的提高。

總之，只要社會生產的技術變革速度加快，無論這種變革是全面性的還是結構性的，都會推動公司的投資需求擴大。

然後是投資環境。認真分析投資環境，是做好投資決策的基本前提。猶太人認為，對投資具有明顯影響的環境因素主要有以下幾個方面：

(1)政治形勢。主要包括政局是否穩定，有無戰爭或發生戰爭的風險，有無重大政策變化等。要預測好政治形勢，必須注重了解國家的有關政策、方針、法律、規定、規劃等。

(2)經濟形勢。主要包括經濟發展水準、經濟增長的穩定性、勞動生產率、國家經濟結構和國家產業政策等。經濟形勢常常決定著公司投資的類型和規模。

(3)文化狀況。主要指不同地區居民受教育的程度、宗教、風俗習慣等。公司投資時，必須要考慮是否符合該地區的社會規範。

(4)相關資源。原材料、燃料等各種資源對公司來說，如同食物對人的生存一樣重要。公司在投資之前，必須對所需資源的供應狀況、供應價格做出準確測算。

(5)相關優惠政策。指與特定投資專案有關的稅收、進出口許可、市場購銷等方面的優惠。

(6)投資地區的軟硬體環境。公司在投資之前，還應對投資地區的地理環境、基礎設施狀況和相關的軟體環境進行全面考察。

(7)投資者的決策能力。投資者的決策能力是指投資者根據生產經營環境和公司經營實力，從不同的投資方案中擇定公司發展方向和戰略目標的能力。主要表現為下面幾點：

A.敏銳的捕捉能力。投資的機會很多，但並不是每種投資機會都對長遠發展有利。投資者必須綜合公司的目標、市場未來的走向、新技術發展狀況等多方面因素，排除各種虛假資訊的干擾，找準投資目標。

B.靈活多變的適應能力。投資目標確定以後，尚有許多問題有待解決。這些問題可能無法解決。因此，投資者應借助公司員工、智囊團或外部投資諮詢機構的力量，共同探討解決問題的途徑。

C. 決策的優化能力。在進行投資決策時，投資者必須具有紮實的財務底子和經濟分析能力。善於結合公司的實際情況，在公司投資收益與投資風險關係中尋找一種優化平衡。在決策中，作為投資者必須認識到任何一項投資決策都不會是盡善盡美的，投資者尋求的僅是一種滿意，而不是最優。

D. 投資者的自檢能力。投資決策付諸實施以後，主客觀條件仍在不斷地發展與變化。比如，出現某種新的工藝技術，就可能引起生產經營的突變。為保證投資決策能在動態環境中順利實施，投資者應不斷對自己選定的投資方案進行檢測，並及時調整或修正。

E. 投資風險。在投資中，風險的大小通常有決定性作用。準確測定投資的風險性是不可能的，否則也就不用談風險了。但是，對不同投資內容的風險做大致的估測，還是能夠做到的。因為投資風險隨著投資過程的延長而相應增大，因此投資期越長的項目對風險的分析測算就越重要。

F. 融資條件。投資需要耗費大量資金，特別是規模較大的投資活動，僅靠動員自身財力，一般是無法完成的。所以，如果融資的場所不足，融資的工具不多，融資的成本較低，進入資金市場的管道不暢通，以及公司本身的資金實力不足等，都會對企業的投資產生影響。

在厚黑商人看來，作為投資決策者，必須對投資所面臨的風險以及影響這些風險的各種相關因素有一個全面而深刻的認識。否則，一旦操作不當，這把雙刃劍就會給自己帶來重大的損失。

9 心態良好，善敗不亡

禮貌是一切美德的起源；忠誠是它們的原則；明智則是它們的條件。

——塔木德

厚黑學認為，勝敗乃兵家常事，世上沒有常勝將軍，善勝不敗，善敗不亡。猶太人對這一點也持相同觀點。變幻莫測的投資市場中，更是如此。因為投資市場的變化太快，令人防不勝防，因此人們常說「人算不如天算」。人的精力十分有限，再能幹的人有時也會疏忽大意。因此，投資出現失利是正常的事情。

厚黑商人的投資心態一般都比較良好，他們對投資賺賠之間的關係看得非常透徹。

對在證券市場中的成功投資者的心理研究，得出結論：

厚黑商人有以下特點：積極的人生態度，積極的賺錢動機，富有理財能力，勇敢承擔責任；同時還具備風險控制和耐心。而且成功者對技術因素及市場理解也比較透徹，應當有能力做出無偏見的選擇，有能力獨立思考。

失敗的交易者普遍具有一些特點：比如，這些交易者常常表現得非常緊張，有悲觀主義的傾向，一旦事情趨壞時，總是責怪別人。另外，這些交易者也趨於一遇挫折就會變得灰心喪氣，極少建立一套必須遵循的規則。

透過對一些成功的猶太投資人的心理歸納分析，在他們身上往往存在一些共同的特點。這些特點歸結為：

(1) 每一個成功的投資人都對市場及其運作非常感興趣。而且，這份熱愛並非僅僅因為市場提供了發財致富的機會，而是因為對工作的執著以及由此而來的挑戰。事實上，任何一個過分強調賺錢的人，都極可能被這種欲望所毀滅。這種強烈的情緒必將蓋過一切維持客觀性的企圖。一旦投資人意識到這種情況，就要考慮克服這種自然的欲望，明智的做法是，在較小的規模上先用少許的錢進行投資或交易。只有當我們開始欣賞市場以其自身方式提出挑戰之時，我們才會處於一種更富於進步性的立場之中。

(2) 差不多所有成功的投資人都是一個孤獨者。證券市場的特殊性決定成功的投資人總是要求採取與大多數人相反的立場，或者與市場中大多數人的一致觀點相反。當然，為了做到買低而賣高，僅僅成為一個孤獨者是不夠的，他們還必須是一個富於創造性、具有想像力的獨立思考者。

(3)所有成功的投資人或交易者，都有一套自己的投資理念。雖然「條條道路通羅馬」，但起點卻各不相同。當考察成功的投資者所遵循的交易和投資方法時，不難發現，他們的目標是相同的，但達到目標的道路卻存有極大的差異。在實際投資中，不論投資人採用哪一種方法，只要運行良好，感覺使用方便就可以。樹立起一套正確的投資理念，並真正在投資實踐中加以運用，這正是成功的投資人超越常人之處。

(4)自律和耐心，這是成功的投資人所具有的兩個突出的心理品質。對於一般的投資大眾來說，自律和耐心也是重要的，但在實際中卻難以做到。自律，意味著在不斷變化的市場面前，仍能堅持自己的投資原則。在短期內做到這一點是容易的，難的是充滿變數的市場中，能夠始終進行自我控制，不為一時的誘惑所動搖。自律也意味著減少情緒衝動，不會盲目地在市場中追漲殺跌。

成功的投資人也是一個有耐心的人，成功的市場投資者不會為交易而交易，為投資而投資，也不會僅僅為錢而進行投資。他們常常是把更多的時間用於研究而不是交易，在沒有出現理想時機的情況下，他們能夠極富耐心地等待，一旦時機合適，就會立即採取行動。

當然，厚黑商人也是一個現實主義者。通常，當市場投資人採取了某個立場，他就會受到這個市場的影響，即使市場的條件已經發生了變化，也會堅持。然而，厚黑商人則不同，因為他們是現實主義者。當市場條件發生了變化，支持原先立場的理由不再存在，他們就會很快認識到這一點，並迅速改變立場以適應市場的變化。他們深知，如果一味堅持原先立場，就有可能導致損失和痛苦。

厚黑學中說：「識時務者為俊傑。」這常常也意味著，厚黑商人要嚴格遵循「儘可能減少損失」的交易原則。對於大多數投資人來說，當一項投資真的變了味時，卻不能勇於承認，他們會堅持抱著一個虛假的希望，認為事情將會變好，比如，當他們所買的一個股票價格不斷下跌時，他們會期待著反彈，他們會為自己尋找出一大堆理由以堅持原先的立場。其實，這時應該多問問自己：「如果還有資金，是否仍會購買這支股票？」

(5) 所有成功的市場投資者似乎都有一種超前思維及預測的能力。他們彷彿具有一種非凡的第六感，能夠在事情發生之前，在心理上進行預演。因此，當投資大眾根據現有的條件，普遍認定市場價格的主流趨勢仍將繼續的時候，這些偉大的投資者已經提前嗅到市場主流趨勢將逆轉的線索，並據此採取行動。問題不在於他們比普通的投資大眾聰明多少，或者他們具有超人的洞察力等，而在於他們在長期的投資經驗中，不斷總結成功和失敗的經驗，能夠訓練有素地從即刻的行情走勢中發現問題，在對未來事件進行心理預演時，所有可能發生的事件都加以考察，而不可能發生的事件則予以拋棄。因此，一旦市場的條件發生變化，他們就能夠迅速地適應，並採取最為有利的立場。

在猶太商人看來，投資的獲利性和風險性是相生相衍的，通常獲利愈高的投資，相應的風險也就愈大；但往往較高的風險常伴隨著更大的回饋率。得失之間，如何判斷和預測，要看投資人的心態而定了。

當然，每個人都希望能在每次的投資過程中，獲取最高利益而避免面臨危機，都能出奇制勝，常勝不敗。要達到理想中的目標，猶太商人擬有以下幾點原則：

A. 不要把所有鈔票放在同一個口袋裡。當你開始實施自己的投資計畫時，千萬不要把所有的資金全部投注在同一商品，或者同一性質的物品上。可將資金分散，如此，既可分散風險，也可避免血本無歸。這是最安全的投資法則。

B. 切莫跟著感覺走。投資市場上，常會出現某種「投資熱」，這段時期什麼最熱門，那段時期什麼最搶手等市場趨勢。只要有這樣的熱潮出現，短期內，必然有一定數量的資金聚集而不停滯。此時投資人可順著趨勢大膽投資，千萬不要憑著自己的感覺逆向而行。

C. 借用他人的智慧和經驗。一個剛投身於投資市場的「初生之犢」，面對五花八門的投資管道和投資技巧，難免會手足無措，更何況現在全球的投資商品愈來愈多樣化，情報的快捷獲取也非一般的投資人所能企及。所以說，想靠著個人的力量在投資市場上立足無疑是件難事。不妨把資金委託給專門機構和人才，代為決策和辦理，也許比自己瞎闖更安全、可靠些。

D. 投資房地產，找個好地段。房地產本身兼具投資、自用和租賃的功能，所以，謹慎選擇好地段往往是獲取豐厚回饋的關鍵。如交通便利的都市中心，人口流動量較大的商業區、購物區，人氣旺盛的旅遊區，政府的經濟開發區和重點工程區……都是十分誘人的房地產投資理想地段。

E. 知識就是風向標。當投資市場上的某個熱潮開始消退時，有人認為機不可失，趕緊跟上熱潮退去的腳步狠狠地賺上一筆。儘管此時所能獲取的利潤還是很有限，但這畢竟是個難得的機會。若想賺取高額利潤，還必須趕在熱潮尚未形成之前，便能掌握控制市場走向。這種預測的本領，又與相關知識和資訊設備的初期投入直接相關。有時，知識就引導著方向。

F. 量力而行。每一項投資行為所帶來的利潤與其風險成正比關係，高利潤的背後必然也有高風險存在；相對來說，高風險投資一般地能帶來高利潤。所以，投資者在資金並不充裕的情況下，高風險投資的比例一定不要超負荷，以確保投資的安全性。

從猶太商人的觀點出發，不論你即將投身於或者已經投身於投資市場，不能忘記隨時衡量自己是否允許有大筆資本投資某一項目，隨時警惕自己不要遊走於彈盡援絕的邊緣。投資最忌諱的就是不顧後果的一頭往裡鑽，這是一種危險的投資行為。因此，任何一個投資人都應有計畫、有目標，並做一個胸有成竹、遊刃有餘的成功投資者。

經商厚黑之道是，不敢闖者等待機會，敢闖者則創造機會。不敢闖，不敢冒險，就不會贏得利潤。

10 空手套白狼，借錢投資之道

沒有能力買鞋子時，可以借別人的，這樣比赤腳走得快。

——塔木德

在投資過程中，借用他人的資金來達到自己的目標是一條以錢牟利的厚黑之道。

厚黑商人在考慮無本投資時，想出來的辦法是「借錢賺錢，借錢發財」，並把這個作為做生意的上上策。

借錢牟利是許多人投資的一種方法，因為並不是所有人都有錢做生意，在沒有錢的時候，只有靠借才能有出路。

其實，向別人借錢是最需要厚黑技巧的，那些臉不厚、心不黑的人寧可窮一輩子也不願意去借錢做投資。

借錢投資的前提是你要讓借給你錢的人覺得你有能力把這個買賣做成功，不會讓他的錢投入水裡。

世界船王丹尼爾．洛維洛創業初期一無所有。但是，他充分發揮了厚黑之術的力量，大玩空手套白狼的把戲，為自己成為「世界船王」打下了堅實的基礎。

一八九七年六月，丹尼爾．洛維洛出生於密西根州的蘭海芬。小時候的丹尼爾性格孤僻、沉默寡言，船是他唯一的朋友。他夢想擁有好多好多的船。

九歲那年，他真的當了一回「船主」。他發現一艘沉沒的小汽艇，便向父親借了二十五美元，將汽艇買了下來。

小汽艇撈上來後，他花了整整一個冬天才將小汽艇修好。第二年夏天，丹尼爾把小汽艇租了出去，賺了五十美元。還了父親的二十五美元後，年幼的丹尼爾淨賺二十五美元。

從那時起，丹尼爾一直想當船主。但是，直到四十歲時，這一夢想才實現。

一九三七年，丹尼爾．洛維洛來到紐約，他匆匆出入於幾家銀行之間，做著兒時做的事情——借錢買船。他想向銀行貸款把一艘船買下來，然後改裝成油輪，因為當時載油比載貨更賺錢。

銀行的人問他有什麼可做抵押。他說，他有一艘老油輪在水上正在跑運輸。接著，丹尼爾將自己的打算告訴對方，他把油輪租給了一家石油公司。他每個月收到的租金，正好可每月分期地還他要借的這筆款子。所以，他建議把租契交給銀行，由銀行定期向那家石油公司收租金，這樣就相當於他在分期還款。

這種做法似乎荒唐，許多銀行肯定叫他走人。但實際上，它對銀行是相對保險的。丹尼爾．洛維洛個人的信用狀況或許並不怎麼樣，但是那家石油公司卻是可靠的。銀行可以假定石油公司按月會付錢沒問題，除非有預料不到的重大經濟災禍發生。退一步說，如果丹尼爾把貨輪改裝成油輪的做法結果失敗了，但只要那艘老油輪和石油公司存在，銀行就不怕收不到錢。

最後，錢真的到了丹尼爾．洛維洛的手中。丹尼爾．洛維洛用這筆錢買了他要的舊貨輪，並改為油輪租了出去。然後，丹尼爾．洛維洛再利用它去借另一筆款子，再去買一艘船。

如此幾年後，每當一筆債付清了，丹尼爾．洛維洛就成了某條船的主人。租金不再被銀行拿去，而是由他放進自己的口袋裡。

就這樣，丹尼爾．洛維洛沒掏一分錢，便擁有了一支船隊，並贏得了一筆可觀的財富。

不久，丹尼爾．洛維洛又有一個利用借錢來賺錢的方法在他腦海裡形成了。

這種方法就是：他先設計一艘油輪，或其他有特殊用途的船，在還沒有開工建造時，他就找到客戶，讓客戶願意在船完工後租用它。然後，他再拿著契約，跑到銀行去借錢造船。

這種借款是延期分攤還的方式，銀行要在船下水之後，才能開始收錢。船一下水，租費就可轉讓給銀行。

於是，這項貸款就像上面所說的方式付清了。最後，等待交款完畢，丹尼爾．洛維洛就以船主的身分將船開走，而在這個過程中，丹尼爾．洛維洛一分錢都沒有花。

開始時，銀行大為震驚。但是，當它們仔細研究之後，覺得丹尼爾．洛維洛的話非常有道理。因為此時的丹尼爾．洛維洛的信用已經沒有問題，何況還與從前一樣，有別人的信用加強還款的保證。

就這樣，丹尼爾．洛維洛的造船公司迅速發展壯大起來，他擁有的私人船隻噸位是全世界第一位，連歐納西斯和尼亞斯兩位大名鼎鼎的希臘船王也甘拜下風，丹尼爾．洛維洛真正成為了一位大富豪。

現實生活中，籌措資金的方法有多種，借貸是籌措的主要方法之一。但是，大多數人總是前怕狼後怕虎，不敢借貸，不願舉債，從而耽誤了許多致富的機會。

只想小心謹慎地做自己的生意不敢借貸，往往在商場上成不了什麼氣候。而大膽地前進一步，勇敢地向銀行貸款、舉債，則往往會走向成功。其實，在某些時候，機會使得你強迫自己貸款，這樣能夠幫助自己達到獲取利潤的目的。

美國億萬富翁馬克．哈樂德森說：「別人的錢是我成功的鑰匙。把別人的錢和別人的努力結合起來，再加上你自己的夢想和一套奇特而行之有效的方法。然後，你再走上舞臺，盡情地指揮你那奇妙的經濟管弦樂隊。其結果是：在你自己的眼裡，富人會認為不過是雕蟲小技，或者說不過是借別人的雞下了個蛋，然而世人卻認為你出奇制勝，大獲成功。因為人們根本沒有想到，竟能用別人的錢為自己做買賣賺錢。」

美國「商神」約翰．華那卡出生於一個窮困的家庭，從小沒有受到良好的學校教育。十四歲那年，約翰．華那卡就離開家到書店當學徒，歷盡艱苦，然後一邊從事推銷工作，一邊積累資金，獨資經營一家店鋪。而後，華那卡不斷地構思發展新公司，最後他終於成功了，成為了美國的百貨鉅子，而且被尊為美國商業界的權威。

愛默生說過：「我最需要的就是讓別人來強迫我做那些我自己能做，並且該做的事情。換句話說，就是需要一種壓力。」貸一筆款，給了你一種自然而然的壓力。因為這種壓力，使你不得不放棄首先消費的打算，同時也改掉你懶散的壞習氣，使你手裡的資金很快周轉起來，自覺和不自覺地投入到繁忙的生意之中。

當然，要想借別人的錢充實自己的荷包，首先就要說服自己，用一個能說服自己的方案去打動別人。不然，連自己都不能說服的商業計畫，怎麼能指望讓別人把錢借給你呢？

Chapter 5

軟硬兼施，厚黑並用不怕臉紅——猶太人厚黑討債心計

借錢給別人，就是給自己買回了一個敵人。

——《塔木德》

厚黑學主張，對付厚黑之人，可以以黑治黑。對付賴皮的債務人，猶太人自有一套將其制伏的厚黑手段。攻心為上，軟硬兼施，死纏爛打等等，都是猶太商人討債常用手段。他們主張，以其人之道還治其人之身，在對債主的圍攻打劫中，他們往往能夠技高一籌，將債務追回。

1 摸清債務人的底細

沒能弄清對方的底細，決不能掏出你的心來。

——巴爾扎克

厚黑商人認為，做生意賺錢也好，賠錢也好，就是不要賒帳，這是厚黑大師的經驗之談。生意人要在最短的時間內，將手裡的資金賺取最大的利潤，不論此資金是自有的還是借來的，都務求要有最大的回報率和增長率。在做生意的過程中，越能加速資金的回收，就越能發揮資金的增值效應。資金的回收比較慢，固然令資金使用效率大減。此外，積壓產品太多和固定資產過於龐大，也會使資金積壓而不能有效地使用。

每一個生意人都會認為生意越多越好，社會上評價一個生意人是否成功，往往也主要是看其營業額、增長率和利潤。一家公司可以生意天天有，但是資金回收問題往往卻被不恰當地忽略。這樣做生意的結果，訂單蜂擁而至卻並不意味著現金大量流入，假如十個客戶中有九個資金周轉有問題，不能及時付清貨款，那你的公司就會出現非常嚴重的資金流通問題。

應收的帳款不能及時兌現，公司與客戶之間就形成了債務關係。這是令所有公司老闆頭疼的問題。怎樣理順雙方關係，解決債務問題呢？

猶太商人，主張首先必須對債務人的情況有全盤的了解，摸清債務人的情況與心理。

債務人包括公民和法人兩種，因法人團體為單個公民所組成，所以其心理狀況一般區別不大，但其境況和心理外在表現卻是不同的：

(1)存在爭議

法人作為債務人，因其是為一定的經濟目的而存在，為一定的經濟目的而為法律行為——簽訂履行合約，因而法人之間的債務糾紛，一般是債權人與債務人之間對債權、債務的某一方面存有爭議。這種爭議可由一方過錯而造成，又可因雙方過錯而造成；也可因一方認識錯誤而造成。

對此種情況，因債權、債務人雙方同為一定經濟目的，透過看事實、講道理，分清是非，一般可以解決。如果雙方協商不成，透過調解仲裁和訴訟，達成協議或裁決一般比較容易執行。處理這類債務，一定要把握時間，避免損失過大，否則將給解決糾紛造成困難。

⑵無力償還

法人作為債務人，另一種情況是由於種種原因，已無力償還。造成無力償還的原因，有自身的：如經營管理不善、挖東牆補西牆、揮霍浪費、各種經濟聯合體或私人公司內部發生糾紛等；有外部的：如市場物價變化、國家機構、計畫改變、上當受騙等。

這類債務人對債務的心理型態，可分為積極的，即想方設法償還債務；消極的，即無動於衷，漠然處之。對於積極的債務人，可儘可能地幫助支持，爭取債務人早日清償債務。對消極的債務人應施加壓力，儘快採取法律手段。

⑶故意拖欠

故意拖欠是指有償還能力的法人，尋找種種藉口，拖延履行義務。在實踐中，經常遇到的是債務人聲稱無履行能力或答應履行，但到期變卦；也有胡攪蠻纏，聽起來好像自己不但不應履行義務，反而還受到了損失。故意拖欠還有一種常見的現象，就是推託不見討債人員。這類債務人的心理是：能磨就磨，能拖就拖，能少還就少還，不見棺材不落淚。對故意拖欠者，除了採取強有力的措施使其感到不履行義務對自己的經營活動有影響、對個人在聲譽道德方面有損害外，請求法律制裁是最有效的方法。

(4)存心賴帳

存心賴帳，根據其賴帳心理形成的時間不同，可分為一開始就準備賴帳、在變動過程中有機可乘賴帳、根據討債者的情況賴帳三種。這三種賴帳一般表現為：拒不承認其義務，或強詞奪理、吹毛求疵，尋找債權人的缺點，或乾脆外逃難尋。一旦發現債務人賴帳的動機就要引起高度重視，即請司法機關處理，同時收集必要證據，不給債務人以可乘之機。

(5)蓄意詐騙

蓄意詐騙，是指詐騙人一開始就以騙取財物為目的，企圖利用合約糾紛等合法手段，達到非法目的。對此類債務人，萬不能讓其抓住債權人討債要款心切的心理，或與之妥協甚至為其掩蓋罪行。這樣做的後果，非但不能達到討回欠款的目的，反而給討債增加難度，使犯罪分子越發猖獗。

實際上，債務人境況和心理相當複雜，而且處於不斷變化之中，在此難以舉例，但需提出的是：當債務主體是公民或公民利用法人名義而實際債務人是公民時，債務人躲藏外逃甚至被關押、判刑的情況屢有發生，給討債帶來了巨大不利。對此，討債人員的決心和意志就對討債發揮重要作用，儘早訴諸法律有利於減少損失。

另外，在實務中還遇到債務人死亡的情況，對債務人死亡後債務由誰承擔，《繼承法》對此有原則性規定，一般繼承人繼承其財產的，同時應承擔被繼承人的債務。繼承人放棄繼承的，可以不承擔被繼承人的債務，但是如果債務人生前已將他的財產以各種方式交給了第三人，在可能的情況下，法律規定應當返還債權人財產，債權人就應努力追討。

2 攻心為上，軟硬兼施

有善就有惡；有小麥，就容易滋生秕稗。

——塔木德

經商厚黑學認為，每個債務人都有弱點，弱點是其致命的死穴。借用債務人的弱點，去討債，攻心為上，往往能輕鬆地達到目的。

一家私人企業因經營不善，財務室的桌子上總是堆滿了各種討債單。由於討債單實在太多了，都是千篇一律地要錢，財務主管不知該先付誰的好。經理也一樣，總是大概看一眼就扔在桌上，說：「能拖一天的就拖一天，讓他們等著吧！」

但有一次卻例外。

那次，老闆很乾脆地說：「馬上給他。」原來，那是一張來自猶太商人傳真過來的帳單，除了列明貨物標的、價格、金額外，大面積的空白處寫著一個大大的「SOS」，旁邊還畫了一個頭像，頭像正在滴著眼淚，簡單的線條，但很生動。

這張不同尋常的帳單一下子引起了所有財務人員的注意，也引起了經理的重視，他看了便說：「人家都流淚了，以最快的方式付給他吧。」一

人都是有感情的，抓住這一點，用富有感性化的語言和文字，激起對方情感的波瀾，或許就能收到意想不到的效果。

其實，經理和這位朋友心裡都明白，這個猶太商人未必真的在流淚，但猶太商人卻討債成功了，以最快速度討回大額貨款。看來，與眾不同的思路，的確能夠帶來與眾不同的收穫。

猶太商人完全明白收帳不能一個調子唱到底，要因人而異，攻心為上，見什麼人說什麼話。換句話說，到什麼廟念什麼經，到什麼山唱什麼歌。對付債務人，因人而異制定討債策略：

(1)對付「強硬型」債務人

這種債務人最突出的特點是態度傲慢，面對這種債務人，寄希望於對方的恩賜是枉費心機，要想取得較好的討債效果，需以策略為嚮導。

指導思想是：避其鋒芒，以達到盡量保護自己利益的目的。

沉默是指在討債實踐中，觀看對方態度而不開尊口。這種策略對待態度「強硬

型」對手不失為一個有力的討債手段。上乘的沉默策略會使對方受到心理打擊，造成心理恐慌，不知所措，甚至亂了方寸，從而達到削弱對方力量之目的。

沉默策略要注意審時度勢、靈活運用。運用不當，效果會適得其反。如一直沉默不語，債務人會認為你是懾服於他的恐嚇，反而增添了債務人拖欠的欲望。

軟硬兼施策略是指將討債班子分成兩部分，其中一個成員扮演硬性角色即黑臉，「黑臉」在討債的初期階段發揮主導作用；另一個成員扮演溫和的角色即白臉，白臉在討債的結尾扮演主角。

這種策略是討債中常見的策略，而且在多數情況下能夠奏效。因為它利用了人們避免衝突的心理弱點。

如何運用此項策略呢？

在與債務人剛接觸並了解債務人心態後，擔任強硬型角色的債權人員，毫不保留地果斷地提出還款要求，並堅持不放，必要時帶一點瘋狂，酌量情勢，表現一些嚇唬人的情緒行為。

此時，承擔溫和角色的討債人員則保持沉默，觀察債務人的反應，尋找解決問題的辦法。等到氣氛十分緊張時，「白臉」角色出面緩和局面，一面勸阻自己的夥伴，另一方面平靜而明確地指出，這種局面的形成與債務人也有關係，最後建議雙方都做出讓步，促成還款協議或只要求債務人立即還清欠款，放棄利息、索款費用要求。

需要指出的是，在討債實踐中，充當「黑臉」角色的人，在耍威風時應強調「無理拖欠」這道理，切忌無中生有，胡攪蠻纏。此外，「黑臉」角色配合要有默契。

(2)對付「陰謀型」債務人

公司之間經濟往來應以相互信任、相互協作為基礎進行公平交易。但在實踐中，有些人為了滿足自身的利益與欲望，常利用一些詭計或藉口拖欠一方債務，甚至是「要錢沒有，要命一條」的無賴樣。

下面介紹幾種厚黑討債的策略：

A.反「車輪戰術」策略

此處的「車輪戰術」是指債務人一方採用不斷更換接待人員的方法，達到使債權人筋疲力盡，從而迫使其做出某種讓步的目的。

對付這種戰術的策略是：

第一，及時揭穿債務人的詭計，敦促其停止車輪戰術的運用。

第二，對更換的工作人員置之不理，可聽其陳述而不做表述，這可挫其銳氣。

第三，對原經辦人施加壓力，採用各種手段使其不得安寧，以促其主動還款。

第四，緊隨債務公司的負責人，不給其躲避的機會。

B.「兵臨城下」策略

這種策略的意思是，對債務人採取大膽的脅迫，看對方如何反應。這一策略雖然具冒險性，但對於「陰謀型」的債務人時常有效。因為債務人本身想占用資金，無故拖欠，一旦詭計被識破，一般情況下會打擊他們的士氣，從而迫使其改變態度。

例如，對一筆數額較大的貨款，債權人派出十多名討債人員到債務公司索款，使其辦公室擠滿了債權人公司的員工。這種做法必然會迫使債務人盡力還款。

(3) 對付「合作型」債務人

「合作型」債務人是討債人們最願意接受的。因為他們最突出的特點是合作意識強，能給雙方帶來皆大歡喜的局面。所以對付「合作型」債務人的策略思想是：互利互惠。

A. 假設條件策略

即在討債過程中，向債務人提出一些假設條件，用來探知對方的意向。由於這種做法比較靈活，索款在輕鬆的氣氛中進行，有利於雙方在互利互惠基礎上達成協定。

例如：「假如我方再供貨一倍，你們前面的款還多少？」「每月還款十萬元，再送二噸棉紗怎樣？」」等等。

需要指出的是，假設條件的提出要分清階段，不能沒聽清債務人意見就過早假設。這會使債務人在沒有商量之前就氣餒或使其有機可乘。因此，假設條件的提出應在了解債務人的打算和意見的基礎上。

B. 私下接觸策略

它是債權公司的討債人員或業務員等有意識地利用空閒時間，主動與債務人一起聊天、娛樂，目的是增進了解、聯絡感情、建立友誼，從側面促進討債的順利進行。

(4) 對付「感情型」債務人

一般最常見的人是屬於「感情型」，這種性格往往很容易接受。其實在某種程度上，「感情型」債務人比「強硬型」債務人更難對付。「強硬型」債務人容易引起債權人警惕，而「感情型」債務人則容易被人忽視。因為「感情型」性格的人在談話中十分隨和，能迎合對手興趣，能夠在不知不覺中把人說服。

為了有效地對付「感情型」性格的債務人，必須利用他們的特點及弱點制定相應策略。

A. 厚黑恭維術

「感情型」的債務人有時為了顧及「人緣」而不惜代價，希望得到債權人的承認，受到外界的認可，同時也希望債權方了解公司自身的困難。因此，債權公司討債人員要說出一些讓債務人高興的讚美話，這些對於具有「感情型」性格的人非常奏效。如「現在各公司資金都困難，你們能做得這麼好，全在你們這些領導人。」「像你們這個行業垮掉不少了，你們還能挺過來，很不錯。」

B. 以弱勝強的厚黑術策略

「感情型」性格的人一般特點是與人友善、富有同情心，專注於單一的具體工作，不適應衝突氣氛，對進攻和粗暴的態度一般是迴避的。商談時，柔弱勝於剛強。因此，要訓練自己培養一種「謙虛」習慣，多說：「我們公司很困難，請你支持」、「我們面臨停產的可能」、「拖欠貨款時間太長了，請你考慮解決」等。由於「感情型」的人性格特點，會考慮還款。

C. 選擇進攻策略

在不失禮節的前提下保持進攻態度：在索款一開始就創造一種公事公辦的氣氛，不與對方打得火熱，在感情方面保持適當的距離。與此同時，就對方的還款意見提出反問，以引起爭論。

如「拖欠這麼長時間，利息誰承擔」等，這樣就會使對方感到緊張，但不要激怒對方。因為債務人情緒不穩定，就會主動回擊，他們一旦撕破臉面，債權人很難再指望商談取得結果。

(5)對付「固執型」債務人

「固執型」的債務人在討債中也常會遇到。這些人最突出的特點是堅持所認定的觀點，有一種堅持到底的精神。這種人對新的主張、建議很反感，需要不斷得到上級的認可、指示，喜歡照章辦事。

A. 試探策略

這一策略是用以摸清「敵情」的常用手段，其目的是用來觀察對方反應，以此分析其虛實真假和真正意圖。如提出對雙方不利的還款計畫，如果債務人反應尖銳，那就可以採取其他方式討債（如起訴），如果反應溫和就說明有餘地。

運用這一策略，還可以試探固定接待或談判人的許可權範圍。

對權力有限的，可採取速戰速決的方法。因為他是上司意圖的忠實執行者，不會超越上級給予的許可權。所以，在討債商談中，不要與這種人浪費時間，應越過他直接找到其上級談話。

對權力較大的「固執型」公司負責人，則可以採取冷熱戰術。一方面以某種藉口製造衝突，或是利用多種形式向對方施加壓力；另一方面想方設法恢復常態，適當時可以讚揚對手的審慎和細心。總之透過軟硬兼施的方法達到讓對方改變原來想法或觀點的目的。

B. 先例策略

「固執型」債務人所堅持的觀點不是不可改變，而是不易改變。沒認識到這一點，你的提議就會被限制住。為了使債務人轉向，不妨試用先例的力量影響他、觸動他。

例如，向債務人公司出示其他債務人早已成為事實的還款協議，法院為其執行完畢的判決、調解書等。

(6)對待「虛榮型」債務人

愛虛榮的人一般具有這樣一些特點：自我意識較強，好表現自己，對別人的暗示非常敏感。另一方面要善於利用其本身的弱點作為跳板。

以熟悉的事物展開話題：與「虛榮型」債務人談索款，以他熟悉的東西作為話題，效果往往較好，這樣做可以為對方提供自我表現的機會，同時還可能了解對手的愛好和有關資料，但要注意到虛榮者的種種表現可能有虛假性，切忌上當。

A. 顧全面子策略

討債可事先從側面提出，在人多或公共場合儘可能不提討債，而滿足其虛榮心。不要相信激烈的人身攻擊會使對方屈服，要多替對方設想，顧全他的面子，同時把顧全其面子的做法告知債務人。

當然，如果債務人躲債、賴債，則可利用其要面子的特點，與其針鋒相對而不顧情面。

B. 制約策略

「虛榮型」最大一個弱點是浮誇。因此，債權人應有戒心，為了免受浮誇之害，在討債談話中，對「虛榮型」者的承諾要有記錄，最好要他本人以公司的名義用書面的形式表示。對達成的還款協定等應及時立字為據。要特別明確獎罰條款，預防他以種種藉口否認。

3 攻其一點，專在對方最痛處下「錐子」

不能空口白舌說謊——當你面對一個無賴的時候，可以破例。

——塔木德

運用「以惡制惡」的方法對付無賴式債務人，有一個訣竅：抓住對方的心理弱點，攻其一點，不及其餘，以黑治黑，在對方最害怕的地方下手。這種厚黑討債術具有最佳效果，尤其是對那些故意抵賴的債務人更有效。

對付一個誠信的客戶要誠實守信；對待不講信用的人，方式也可以靈活些。《塔木德》上說：「不能空口說謊——但當你面對一個無賴的時候，可以破例。」

但是，在商務活動中，總有別人賴帳的時候。那麼，讓我們來看猶太人如何機智地應對這種情況。

梅思是一位服裝商，他向布商卡拉批發了一千四百美元的布料，卻一直未結帳。卡拉派人去催了幾次款，梅思每次不是避而不見，就是借機溜掉。給他寫了幾封信，梅思仍然不理不睬，這使卡拉束手無策，乾著急沒辦法。

這時，卡拉的一個猶太朋友給他出了點子：「你不妨寫一封催款信給梅思，讓他儘快還二千美元的債，看他有什麼反應，然後再做打算。」

果然，卡拉的信剛發了三天，梅思就回信了，信中說：「卡拉，你這混蛋，是不是腦子出問題了？我明明只批了你一千四百美元的貨，你為什麼詐我二千美元？隨信寄一千四百美元，以後再也不和你做生意——要打官司嗎？你準輸。」

猶太朋友的這則討債祕方實際上是一個非常巧妙的以惡制惡的攻心戰術。本來卡拉很被動，只要對方躲避他，他就毫無辦法，打官司吧，又不值得，而梅思之所以避而不見，只是想拖著不還，並不是想徹底賴帳。而現在一千四百美元的債突然變成二千美元，這就使梅思不得不回信並辯解了，否則一旦真打起官司，那就得不償失了。這樣，原先主動的梅思正好上了猶太人的以訛詐訛之計，一下子變為守勢。為了免去更大的麻煩，只好還債。

當對方不願意履行承諾的時候，當你的權利就要付諸東流的時候，你要冷靜地對待所遇到的事，找到對方的要害，用最巧妙、最經濟的方式迫使對方就範。

猶太商人經商最忌諱欠別人的帳，同時也不希望別人欠自己的帳。當然，一個人由於處在某種不利的環境中一時撒謊，是可以諒解的，但是蓄意欺騙他人的人則不會有希望，他遲早會自食其果，喪失尊嚴、信譽直至喪失自由。

收款不順，有時往往引起爭辯。買賣雙方爭辯時，所用的無情、尖刻字眼和證據，很容易刺傷客戶的自尊心。因此，當客戶無理地爭論付款票期比同業來得短，不合行情，要求比照同業票期支付貨款時，收款的賣方一定要冷靜對待，避免和客戶直接爭辯，設法和其以「心平氣和」的方式「討論」解決之道，千萬不能以「辯」制「辯」。否則，縱然贏得了爭辯，而失去了收款的良機，這又有什麼意義呢？

4 巧設圈套，請君入甕

一個軟弱但卻富有經驗的頭腦能攀登的最高點，就是察覺較優秀人們的弱點。

——德國哲學家，利希滕伯格

以子之矛攻子之盾，把對方裝進套子裡是一種厚黑討債術。簡而言之，就是找出對方自相矛盾的地方，為對方設下一個圈套，一步一步把對方陷進去。

厚黑學講究知己知彼，百戰百勝。不管是在經商還是在追討債務時，充分了解對手，找到並利用他的弱點，就能夠達到自己的目的。

有一個猶太商人來到一個市場裡做生意，當他得知幾天後這裡所有商品大拍賣時，就決定留下來等待。可是，他身上帶了不少金幣，當時又沒有銀行，放在飯店也不安全。

經過反覆思考，他獨自來到一個無人的地方，就在地裡挖了一個洞，把錢埋藏起來。可是，當他次日回到他藏錢的地方取錢時，卻發現錢已經丟了。他呆呆地愣在那裡，反履回想藏錢的情景，當時附近沒有一個人啊，他怎麼也想不出錢是怎樣丟的。

正當他納悶之際，無意中一抬頭，發現遠處有間屋子。他想，可能是這家屋子的主人正好看到他埋錢，然後將錢挖走了。

那麼，怎樣才能把錢要回來呢？

經過認真考慮，他靈機一動，想出一個好主意。於是，他去找那屋子的主人，客氣地問道：

「您住在城市，頭腦一定很聰明，現在我有一件事想請教您，不知是否可以？」

那人熱情地回答說：「當然可以。」

猶太商人接著說道：「我是來這裡做生意的外地人，身上帶了兩個錢袋，一個裝了八百金幣，一個裝了五百金幣，我已把小錢袋悄悄地埋在了沒人的地方。但不知道這個大錢袋是交給能夠信任的人保管呢，還是繼續埋起來比較安全呢？」

屋子的主人答道：「因為你是初來乍到，什麼人都不應該相信，還是將大錢包一塊埋在藏小錢包的地方吧。」

等猶太商人一走，這個貪心的人馬上取出偷來的錢袋，立刻放在原來的地方，希望等猶太人把大錢袋放進來後一起再取出來。

等那屋子的主人一走，猶太商人立刻就將錢袋取了出來，錢袋失而復得。

這個猶太商人知道每個人都有貪欲，而且貪欲還會無限膨脹，要想把錢從小偷手裡取回來，只能激發他更大的貪欲，人在膨脹的貪欲面前往往會變得異常愚蠢。這個猶太人的機智就在於巧妙地利用了人的這種心理。

心虛是債務人的一大疾病。當一個人決定賴帳時，通常都沒有考慮以後將受到罪惡感的折磨。一個欺騙了別人的人會感到既有罪惡感又羞恥。

在討債過程中，經常會有與此相似的情況，有些債務人貪心不足，侵吞了債權人的許多權益，卻仍然死皮賴臉，不願意如期償還債款。對待這種人，就應該利用他的貪婪，以物質誘惑他，讓他上當，然後趁此追回債款，至於要不要再給他一點好處，則要視情況而定。

5 想盡辦法得到欠款

僅僅知道等待和忍耐，不是真正的聰明。——塔木德

有一個猶太人討債的故事。

一個猶太商人辛辛苦苦地趕出了一批貨，交給了一個不是很熟的客戶。交貨之後，卻總也不見客戶將貨款匯過來。

等了兩個星期之後，猶太商人終於忍不住了，他便親自搭乘夜班火車，到了那個客戶的公司。苦等了幾個鐘頭，對方終於出現了。猶太商人用盡一切辦法，終於在兩個小時之後，收到了那筆為數十萬元的貨款。

猶太商人拿著客戶開出來的現金支票，火速趕到發出支票的銀行，希望立刻換得現款。不料，當他將支票交給銀行櫃檯小姐時，對方卻告訴他，帳號的戶頭已經有很長一段時間沒有往來資金。而且，在這個帳號內的存款也不足，他的支票根本無法兌現。

猶太商人頓時明白，這是那個差勁的客戶故意刁難他的小動作，當下便想衝回客

戶的公司，和他大吵一架。

但是，猶太商人做事一向小心謹慎，在離去之前，他簡單地陳述了自己的窘困狀況，並詢問櫃檯小姐，他的支票因對方存款不足而遭到退票，究竟差了多少錢？

由於他的態度殷切誠懇，櫃檯小姐也熱心地幫助他查詢。得到的結果是，戶頭內只剩下九萬八千元，與他的支票金額差了二千元。

果然如猶太商人所料，這個客戶是存心要和他過不去，看來這筆貨款可真是凶多吉少了。

所謂急中生智，猶太商人轉念想了想，靈機一動，很快地從身上掏出二千元鈔票，央求櫃檯小姐幫他存入那個客戶的帳號裡，補足支票面額十萬元，再將那張支票兌現出來。猶太商人終於順利地領到了錢。

猶太商人明白，討債的最終目的是得到屬於自己的欠款。因此，當面臨對方不太願意支付或者故意拖欠時，不妨在心理上放低要求，只要能收回大部分的欠款，就算是收款成功。

試想一下，與其為了一小部分欠款而讓債務一直拖欠，不如收回大部分，一是收回了成本，避免自己的損失；二是可以加快資金的周轉。在這個基礎上，催款要及時，更要講究成果，能早收就早收，能收回多少就收回多少。

不管是誰，經商做生意，不可避免地總會有相當一部分貨款壓在客戶手裡。我們可以學習一套高超的收帳技巧，只有帳款到手，才能保證利潤的最後實現。

6 靈活對待不同債主

勸導的姿態，籲請的聲調，以及懇求的神情。這一切都是說明語言生動的東西。試問去掉這些東西，議論的價值還剩下多少？——能夠說服誰呢？

——美國作家，馬克·吐溫

討債最好的方法是什麼？其實討債的方法沒有最好，只有最適合自己的。在討債的過程當中，你面對的人和你自己當時的心境就決定了你會採取什麼方法，什麼事情只要真誠、用心、坦蕩的去做，就會在處理任何事件、問題的時候不會遇到太多的困難，唯一的困難就是怎樣說服自己。

下面介紹九種猶太商人成功收帳的要領：

(1)要與客戶約好收款及付款的時間

猶太商人安排何時收款，他們會選擇客戶與自己雙方都覺得方便和適當的時間。

如果一味順著客戶的時間拜訪，容易讓客戶產生「隨波逐流」的不良印象。但也不能強求客戶配合自己的時間而得罪客戶。也就是要尋找對雙方均有利的收款時間，才是高明的生意人的做法。

(2)收款前應將帳目事先確認

傳統的收款方式，都是由賣方到客戶營業所在地提示有關的債權憑證（如訂貨單、送貨單、簽認單和統一發票等），供客戶逐筆核對，等客戶確認與其擁有的「副聯」核對無誤後，再簽發票據或點交現金給賣方。這種當面結款的方式，最大的缺點是對帳時賣方必須陪在旁邊，與客戶逐筆核對，結果是浪費了賣方的不少寶貴時間。

為克服這一缺點，賣方可在約定的收款時間以前，先行編制客戶的「帳單清單明細表」，表內詳細逐筆記載訂貨日期、數量、單價、總金額、統一發票號碼等項目，郵寄給客戶，供其做核對付款之用。

客戶收到「帳單清單明細表」，就可先行做核對工作，若內容所載正確無誤，客戶就可根據雙方約定的付款期限，預先簽發票據或準備現金，等賣方準時來收款時，雙方就能在極短的時間內完成交款、收款的工作。

當然，客戶對「帳單清單明細表」所載內容有疑問時，可立即打電話向賣方徵求意見。這樣，能節省雙方當面對帳的時間。

(3)收款時一定要執行「先收後賣」的原則

許多高明的賣主為有效地利用時間，常利用同一次拜訪客戶的機會來做「一魚兩吃」——推銷和收款同時展開。其優點是可節省專程收款的拜訪時間，其缺點是腳踏兩條船，經常出現兩頭落空的結果。

因此，要實施「一魚兩吃」的戰略，必須堅持「先收後賣」的原則，先與客戶結清積久款項，再進一步探求顧客的需要，這樣才能順利地進行貨物推銷。有句經商諺語「推銷開始於收回貨款」，就是這個原則的最佳注腳。

(4)對財務不佳的客戶採取「化整為零」策略

碰到客戶抱怨困難時，實行「化整為零」的收款方式。賣方偶爾會碰到一些經濟情況較差的客戶，這些客戶會大念「賠錢經」，並且說：「等我情況好轉一點的時候，我會主動地打電話通知你來收款……」沒有確定付款日期，含糊其辭。

面對這種情況，賣方要特別謹慎提防，切莫上當中計，並且要拿出「全場緊逼盯人」的戰術。根據客戶的經濟情況可考慮客戶分期付款，但必須要求客戶明確每期應付的金額及付款日期。

這種「化整為零」的付款方式，對客戶而言，不至於發生太大的財務困擾。由於在契約中明確指出客戶每期付款的金額和日期，並請客戶在契約上簽了字，在無形中增加了客戶的壓力，對拖欠的貨款收回是較為有效的方法。

(5)對東折西扣型的客戶採取「先禮後兵」策略

東折西扣型的客戶最喜歡貪小便宜，在付款時，不是對於零頭尾數拒絕給付，就是對於事先談好的折扣要求降低。這類客戶認為，能多爭取就不擇手段地爭取，為了自己的利益可以犧牲別人的利益，只要有利可圖，必然在付款時設法將貨款東折西扣。

對付這類「死不要臉」的客戶，收款時不妨採取下列對策：

A. 以和藹的語氣，堅決的態度，向其解說按契約條件付款的長期利益。

B. 驗證該客戶過去是否有少付的「前科」。

C. 客戶要求折扣的金額不多，且客戶以往付款信用良好，不妨適當將就一些。

D. 客戶信用不佳，且經常少付，最好不要接受客戶折讓的要求，以建立常規的收款形象。

總之，對於這類客戶，不妨「先禮後兵」、「施以高壓」，務必設法全數收回，絕對不可姑息養奸，給今後的收款增加更多的麻煩。

(6)對挖苦取樂型的客戶採取耐心爭取的策略

挖苦取樂型的客戶經常在賣方收款時，說些利潤微薄、銷路不佳等大吐苦水及挖苦人的話，他們想以此讓收款人給予特別的優惠。

對於這類客戶，實施收款的對策是：

A. 多加傾聽，讓其適度地抱怨、挖苦，以解除其心理的鬱悶。

B. 向客戶提供增加銷售的祕訣和說明「同心協力」的重要性。

C. 激發其「榮譽心」，使其了解按時依約付款是善待客戶的具體表現。

D. 以親切的態度，讚揚客戶提供的建議，並告訴客戶今後將盡量採納客戶的意見，儘可能滿足其要求。

(7)對自命清高型的客戶採取讚美恭維策略

自命清高型的客戶在處理結帳事宜時，通常都會擺出「買主是王」的傲慢態度。這類客戶之所以如此表現，往往是自卑心理在作祟，故作冷酷無情，以免受害。應付這類自命清高、眼睛長在頭頂上的客戶，實施收款時，不妨依照下列步驟來進行：

A. 多說些讚美感謝的奉承話，設法化解其防禦的心理。
B. 保持若即若離的距離，使其自覺與眾不同。
C. 多向其請教成功經驗，並做個良好的聽眾。
D. 多多提供具體有效的服務，使客戶認識我方的存在價值，並使其了解我方的重要性。

(8) 對有樣學樣型的客戶採取曉以利害的策略

有樣學樣型的客戶在付款時，所表現出來的行為是舉棋不定、猶豫不決。其心理特徵是唯恐自己付款會吃虧，有暫時拒絕付款的意思，對付款所持的態度是謹慎保守，在別人付款後，才願意有樣學樣地付款。

對付這類客戶，收款對策有：

A. 針對其模仿心理，舉證說明其他客戶付款的實情。
B. 曉以利害，說明不按時付款，將會面臨的各種困擾。
C. 說明「信用第一」在商業往來中的無形價值，堅定其依約付款的信心和決心。

D. 拿出其他客戶已經付清貨款的現金、支票或憑證向客戶展示，讓其有樣學樣地付款。

總之，討債是一門學問，方法各種各樣，技巧各有千秋，但有一點是萬變不離其宗的，也是所有討債成功者具有的一個明顯特徵，那就是——想辦法讓欠債者感覺還債才划算，否則就會得不償失。

7 掌握心理，各個擊破

凡事都有解決的竅門。

——塔木德

厚黑商人往往是對付賴皮債主的高手，他們能透視客戶的性格及其心理狀態，再予以各個擊破，自然就能全勝而歸。

誰能掌握客戶的付款心理，誰就能搶先收回帳款，確保債權。

猶太商人認為，客戶被打動時，內心充滿喜悅，付款的責任感就油然而生，當業務人員此時開口請求他履行付款義務時，他就會很樂意地支付。

如何打動客戶的心呢？

下面是猶太商人的分析：

(1)公正心

這個方法是要求債務人給予公平、公正的對待，而促其如約付款。

猶太商人會說：「總經理，你是個有見識的人，賣貨收款是理所當然的，請問，你賒貨給你的客戶，不也是派人按時去收款嗎？況且，我們收款也是公公正正的，既沒有提前收款，又沒有做無理的收款要求，所以，麻煩你……」

(2)自負心

每個人都很重視面子，假如能夠巧妙地刺激債務人，將有助於提高他付款的意願。

猶太商人會說：「以你的經營規模、社會聲望及財務能力，付這一點小錢還有什麼問題，況且，同行都說你的資金調度能力是本地數一數二的，所以，麻煩你……」

(3)模仿心

在收款時和債務人談一些其他同行快速付款的情況，往往可以借此刺激債務人的模仿心，提高債務人欣然付款的意願。

猶太商人會說：「別人的情況又沒有比你好，他們都已經結清了，那你現在付款，也應該是沒有問題的，請你看看，這是客戶剛結清帳款所支付的支票。」

(4) **自利心**

向債務人說明儘早結清帳款，可以獲得一些好處的方法，效果非常不錯。

猶太商人會說：「今天你當場結清貨款，就可以得到三％的現金折讓，這可比你把錢放在銀行裡還划算，而且，今後我們公司給你的信用額度，也會提高很多的，真是好處多多。所以，麻煩你……」

(5) **同情心**

猶太商人會使用請求幫忙的語氣來喚起客戶的同情心。惻隱之心，人皆有之，只是程度上有些不同而已。

猶太商人會說：「千拜託，萬拜託你了！我就只剩下你這家還沒有付款，你不結欠款，我就交不了差。幫忙結清這筆款項吧！」

(6) **恐懼心**

當碰到存心賴帳的債務人，運用了許多軟性的方法訴求，債務人仍不為所動時，猶太商人就向他暗示，他們有可能會採取法律追訴的行動來追討帳款，借此引起債務人的恐懼，刺激他趕快結清欠款。

猶太商人會說：「你再這樣硬拖下去的話，我看只好把這件事交由我們公司的法務部門，循法律途徑來解決囉！其實我並不喜歡把情況弄得這麼糟，實在很遺憾！」

業務代表在實施收款時，最能夠看到各種不同客戶嬉笑怒罵、變化萬千的生意嘴臉，並可以從中深切地體會出「商場炎涼、人情冷暖」的個中滋味。

談到要付款，大家的心裡都是這麼想，能拖就拖、能賴就賴，最好是能免則免，加上每一個人的心態錯綜複雜、變化不定，所以，每一個債務人所表現出來的行為，也是五花八門、無奇不有。

8 以黑治黑，以其人之道還治其人之身

千萬不要在爭執中表現出優越感，提出看法時，永遠要保持謙遜。

——華盛頓

面對客戶使出推、拖、拉、騙的伎倆，厚黑商人能擬定收款必成的戰略，使對方無法得逞。

經商厚黑學認為，當追討債款時，難免會碰到一些寡廉鮮恥，了無商德的債務人，這些狡詐如狐狸般的債務人，在簽訂單的時候，往往笑臉迎人。但是，當你手持帳單前來收款時，這些不良客戶的狐狸尾巴立刻就露了出來，這時候他們就會使盡各種「推、拖、拉、騙」的絕招拒絕付款，經常弄得討債人不是人仰馬翻，就是空手而歸。

當猶太商人面對這些客戶，是怎樣在不傷和氣的情況下，順利地完成收款的任務呢？

下面是猶太商人使用厚黑之術來對付無賴型債務人的技巧：

(1)追求必勝的收款目標

當猶太商人收款時，猶如軍人作戰，必須以追求必勝為作戰的目標，並把貨款全部收回當做是銷售的最終目標。除此之外，他們還要使出「制勝不敗」的絕招，盡量使自己處於最具優勢的地位，絕不放過任何一個可以使敵人心悅誠服的機會。

猶太商人是如何掌握制勝不敗的祕訣，而使自己處於優越地位的呢？

第一是猶太商人會表現出信心十足的樣子。

第二是猶太商人事先計畫好全數收回貨款的明確目標。

第三是猶太商人很勤快，增加訪問次數。訪問客戶次數的增多，可以增進對客戶的了解，更能深入掌握他的經營現況，以獲得早期預防，早期治療的效果。

第四是猶太商人針對客戶所使出的各種絕活來制定兵來將擋、水來土掩的不敗戰略。

厚黑學上說，狡詐的債主可能玩弄的伎倆不外乎「推、拖、拉、騙」四種。

「推」：債務人經常會以「銀行的空白支票還沒發下來」、「負責簽發支票的會計請假」等理由推卸責任，來逃避付款義務。

「拖」：債務人常常以「唱哭調」方式，大歎生意難做、無利可圖、商品銷路不佳，要求你下次再來收款，以達到其拖延付款的目的。

「拉」：債務人在付款時，以拉交情方式和對方稱兄道弟，希望對方給面子答應給予貨款折讓或減收貨款，這種「吸血蟲」伎倆也經常可以看到。

「騙」：債務人佯稱貨品尚未賣出，外頭賒欠尚未收回，手頭沒有多餘的款項可供支付，實際上，貨品早已銷出，且款項早已收回，並獲得利潤，這些騙術也常見到。

(2)以其人之道還治其人之身

不論債主玩弄「推、拖、拉、騙」中的任何一種伎倆，他們的目的不外乎利用各種不同的手法來賺取小「利」。針對債主這種「貪小便宜」的心理，猶太商人會採取「以其人之道還治其人之身」的方法，運用「導之以利」的戰略直接提醒狡詐債主的「付款義務」。也就是說，業務人員應該「開門見山、語氣溫和」地向客戶說明：付清帳款，這是天經地義的事，早要給，晚也要給，不如早給，因為能遵照事先彼此的約定，按時付款和全數付款，在未來雙方生意的往來當中，他們一定可以獲得如下更多的利益。

A. 大量購買時，可以享受比同行更優惠的折讓。

B. 緊急訂貨時，能夠獲得立即送貨的特權。

C. 缺貨時，可以優先得到貨品供應。

除了直接以利益訴求來強調付款的好處外，業務人員在說明時，如果能夠落實下列八個要訣，一定能旗開得勝，毫無困難地將款項全數收回：

A. 要表現出嚴肅的神情，不可有笑容示好的模樣。

B. 絕不能心軟。要義正詞嚴，表明非收不可的態度。

C. 不要欠債主人情，以免收款時拉不下臉。

D. 不要和其他公司相提並論，要有足夠的信心，依照公司收款的規定切實執行。

E. 不要為了爭取顧客而難以啟齒，姑息養奸。

F. 說話時，不妨盯著對方，義正詞嚴地說。

G. 切莫裝得過分可憐，而希望博取債主的同情。

H. 要反履強調債主有付款的能力。

「導之以利」是猶太商人對付狡詐債主的收款妙招。當我們遇到一些狡詐債主時，不妨一展身手，利用上述的要訣，出招一試。

9 軟硬兼施，死纏爛打

弱者任思維控制行為，強者讓行為控制情緒。

——喬・吉拉德

對於討債，經商厚黑學主張，在準備出招，制伏拖、賴的債主之前，必須先自我衡量所處形勢，以免賠了夫人又折兵。

收款功夫超凡出眾的厚黑高手，在他經商的生涯裡，心中總是會記著一句令其終生難忘的推銷金言：「有備則制人，無備則制於人。」

這些超級的厚黑高手在初次選擇客戶時，就會特別提高警覺，憑藉著敏銳的感覺以及過人的觀察力，充分了解對方有沒有強烈的付款誠意，他會向銀行打聽和查詢這位準對方的「票信紀錄」，同時，也不忘向其他同行打探對方的「付款紀錄」是否良好。總之，厚黑高手一定在全盤了解對方是否值得信賴，查明信用是否可靠後，再展開商務活動。在雙方交易往來之後，仍然隨時對對方抱著觀測和提防的態度。

猶太商人在這方面可謂是聰明絕頂的高手。

即使事前預防已經做到天衣無縫的境界，但是，在推銷過程中，這些業務高手，有時難免也會在百密一疏、防不勝防的厚黑下，碰到一些以拖、賴功夫起家的客戶。

這些躋身在各行各業裡靠拖、賴伎倆賺取黑心錢的客戶，在訂貨前往往笑容可掬，表現出配合度良好、信用可靠的模樣，但是，到了應該付款的節骨眼時，態度就一百八十度大轉彎，他們不是寡廉鮮恥、卑躬屈膝地設法拖延票期，就是東折西扣少付一點；假若上述詭計無法得逞，他們就惡語恐嚇、惡臉相向。

當你在碰到客戶使出軟硬兼施的致命絕招時，究竟要怎麼樣從容應戰？又如何才能轉危為安，並且使其俯首稱臣，依約付款？

猶太商人認為，當遇到這種狀況時，首要之計就是必須做好情緒管理，頭腦一定要冷靜下來，切莫大發雷霆而中計上當，同時，不要被客戶拖、賴絕計嚇住而自歎技不如人。然後，態度從容，處變不驚，振奮迎敵，做好戰鬥準備，迅速動腦謀求良策，來打贏這一場收款拉鋸戰。

當然，猶太商人在準備出招制伏這些拖、賴客戶之前，必定自我審度形勢，衡量在單打獨鬥的情況之下，他們所使出的收款招數是否會被對方借勁使勁而落個一敗塗地、臉上無光的下場。

一般來說，客戶使出拖、賴兩大絕招時，必定有恃無恐，諸如客戶以「答應隨貨贈送的貨品尚未贈送」、「瑕疵品調換，新品尚未處理」等種種歸罪於賣方理由來拒絕全額付款。猶太商人假使碰到這種情況，如果仔細衡量結果，賣方確實有失誤、不當之處，這種情況之下，猶太商人只好當面向客戶道歉賠罪，並且要立即與公司內有關人員聯絡商討，研究出處理解決的方法和時限，並當場向客戶說明解決辦法，儘快設法解除收款的障礙。猶太商人認為，唯有做到這點，你才能要求對方付款，這可以說是一種「繫鈴解鈴」的戰略。

假如客戶是無緣無故借詞拖、賴付款的話，猶太商人也不會生氣，設法先將怒火壓下，然後，採取先禮後兵、以退為進的戰略，不要當場撕破臉，先顧全他的顏面，再慢慢勸誘他付款，如果觀察他仍執意不付款，那就先行告退。一則是謹遵顧客永遠是對的的商場明訓，鋪好下次再來收款的後路；二則立即向直屬主管報告經過情形，共同研究有效對策，如果事態很嚴重，還要邀請徵信、財務或法務部門共商催收程式和方法。

收款方法之所以有軟硬之分，源自公司方面是否還願意與客戶繼續維持交易關係。猶太商人以運籌帷幄的方法來決定收款出招的解數，是猶太商人收款遇到存心賴帳的勁敵時制勝的祕訣。

由於催收態度有軟硬之別，猶太商人所運用的方法又不勝枚舉，例如：「欣然接受部分清償」、「鍥而不舍地催討」、「發掛號催收信函」、「請討債公司出面」、「發律師署名的催收函」、「由行銷主管出面催收」、「透過法律途徑催收」等。每一種催收方法都會給對方不同程度的壓力，並且會影響雙方未來的往來關係，究竟要採取什麼催收態度和方法，猶太商人會先和自己的單位主管或其他相關部門商討，切忌自作主張而自亂陣腳。

有些業務代表不知全身而退、以退為進以及大家一起運籌帷幄的巧妙之處，當客戶寡廉鮮恥地使出拖延計、賴皮功時，就當場以得理不饒人的態度嚴加譴責，逼其立即當場付款，此種做法雖然在交易道理上的確是師出有名，然而結果常常是無功而返，不僅無法快速收回貨款，甚至可能會因此而喪失了一位信用良好，但目前手中短期資金較為拮据的客戶。

而猶太商人在實施強硬的收款手法之前，總是先和公司內有關主管和相關部門人員共同商討決定，當大家都同意決定要放棄該客戶的交易關係時，他們才到客戶處施展「以惡制惡」的收款招數。

假若公司商討結果認為應對該拖、賴客戶再給予一次機會，那麼，猶太商人就改用柔情攻勢，採取循序漸進、以柔克剛的催收戰略，以確保貨款早日收回，同時，使雙方合作能夠持續下去。

公司方面主張對客戶採用低姿態的軟性手法，業務代表卻不以為然，而以「將在外，軍令有所不受」的強硬催收手法逼迫客戶，猶太商人絕不會這樣做。因為，莽撞無禮的收款狠招，通常是弊多利少、有害無益的。

10 突破僵局，出奇制勝

超越別人的人，不能算是真正的優越；超越從前的自我，才是真正優越的人。
——塔木德

討債厚黑高手縱使債主再難纏，只要洞察人心、掌握時機、運用技巧，必能突破困境。

猶太商人主張弄清每一次被拒絕付款的原因。客戶說：「我不付款！」你可知道他的意圖是什麼嗎？這是真正的理由？是藉口，還是謊言？真正的理由不多，大多數只是藉口。如果你能為各種藉口預做準備，你就能防止其發生。

精明幹練的討債厚黑高手，都非常懂得運用各種不同的策略手段來完成目標，這些策略手段不勝枚舉，最主要的還是怎樣把握恰當的時機，利用各種新的形勢迫使客戶付清欠款。換句話說，在收款過程中，客戶延遲付款或有意賴帳時，要適當導入新的形勢，使原來的狀態由消極轉化成積極、化僵局的堅持為動態的逼進。

猶太商人說：「遵守基本的收款法則，便能完成收款，並且比任何一種高壓的技巧都成功得更快。」猶太商人基本的收款法則是什麼呢？

答案是勤快！軟硬兼施，保持耐心

「保持耐心」是猶太商人收款過程中最富震撼力量的武器，尤其是當客戶拖延付款時，最能發揮效果。由於耐心地多次前往要求對方付清欠款，自然會產生下列效果：

A. 使對方不好意思再堅持延遲付款。

B. 將對方的會計人員、採購人員、守衛人員、祕書人員牽扯進去。

C. 分化對方內部的人員，使其領悟到被人認為是不良客戶而羞愧難堪。

D. 實施疲勞轟炸式的要款、催帳，使對方無心做其他事情。

收款時難免會遇到一些狀況，有些狀況可以四兩撥千斤，很快就能順利解決，但也有些狀況並非短時間就可以解決的。猶太商人面對一些蓄意、居心不良的客戶故意拖延的狀況時，總要花些時間找出癥結所在，他們會深入了解對方為什麼要這麼做，是要故意考驗賣方收款的決心？當研究結果確認對方真的存心不良，故意拖賴，那麼，猶太商人就會採取緊迫盯人的戰術，持續不斷去反覆地催討，並且下定決心，不收回來，絕不罷休，甚至要了解對方處在壓力下可能的反應。收款高手耐心催討的執行力，在時間運用上可以讓對方明白和了解我方收款的要求和決心，進而改變對方對拖、賴的認知。這種付出耐心的手段，其好處即在使雙方都有充分時間發現最有利的解決方法，進而解決延遲付款的癥結。

猶太商人除了在行動上保持耐心之外，他們還善於靈活運用一些特別的厚黑技巧，出奇制勝，達到貨款收回的目的。

「出奇制勝」手段包括突然改變方法、爭論或共同制裁。改變催收方法通常會出乎對方意料之外，諸如猶太商人前往收款時和律師一道前往，逼其當場結清帳款；又如收款時客戶存心賴帳，猶太商人可以突然出其不意地在其辦公室內大發雷霆，這也是利用出奇制勝的方法，讓對方難以招架，不得不改變原來拖、賴的行為，趕快結清帳款。

當然，他們也會和有關債權人協商制裁的具體行動，如「共同聯合向有關單位控訴」、「登報譴責」、「召開記者招待會」揭發蓄意賴帳事實等，逼使對方早日結清帳款。

對付不良客戶，「以退為進」也是猶太商人經常採用的厚黑之術。「以退為進」這個手法，對付那些支票因為存款不足而退票的客戶最具神效。由於客戶通常都會關心自己的信用地位，當支票退票後，都會設法向持票人收回退票及退票理由單，然後，送請往來銀行登出其退票紀錄。

有鑒於此，猶太商人會事前確認退票客戶有意贖回支票及退票理由單，但不是用現金交換而要用較長帳期換回時，就不妨運用這招以退為進的手法。在退票後不要匆忙地前往處理，以靜制動等對方出面處理，這樣，對收款者比較有利；縱然對方急於出面處理，也要以詳加研究為由拖延時間，拖得越久，對方就越心急；等過一陣子，猶太商人出面處理時，對方一定會接受條件而贖回退票及退票理由單。這是對付那些十分重視自己信譽的不良客戶相當有效的方法。

收款困擾時時有，只要洞察人心、掌握時機、運用不同的技巧，必能破解僵局。厚黑學上說：「天無絕人之路」，收款問題再棘手難纏，只要工夫下得深，哪有突不破的難關？突破之道，不過在於善用「心理學」的技巧來應付所遭遇的問題而已！

11 速戰速決，絕不手軟

人在染上惡習之初始，纖弱尤勝蜘蛛絲；但隨著日積月累，蜘蛛絲就會變得像鋼索般粗壯強韌。

——塔木德

當猶太人有不良債權發生時，他們不但要立即掌握其財產和信用狀況，更會同律師共商有效對策，充分發揮討債五字訣的厚黑討債本領。

貨物如約送達客戶而貨款卻未能如期收回，這不如意的商場恨事經常層出不窮，防不勝防。因此，猶太商人最怕選錯交易對象，萬一遇人不「誠」，出售的商品要想收回，一定得大費周章。

經商之道原在「將本求利」，如遇到「打不知痛、罵不知羞」的客戶，當然要專案處理，務必設法將不良債權轉變為良好債權。不過，猶太商人認為，在處理時盡量避免用「低聲下氣、卑躬屈膝」的方法去討債，否則的話，該不良債權將變成永遠無法收回的呆帳。「快、勤、纏、黏、逼」是猶太商人討債的厚黑本領。

猶太商人認為，客戶「蓄意欺詐」或「惡意賴帳」也不必畏縮膽怯，只要人心似鐵、手法如泥，謹記討債五字要訣，定能成功收回貨款。

「不良債權」的發生原因非常多，諸如強迫推銷，超越客戶履行債務的能力；又如初次交易時，未能事前徵信識破其不良意圖；還有售後服務欠周到以致落人口實，使客戶借題發揮而拖延付款；甚者，業務代表收款技巧不夠成熟，下貨後未及時請款催討等原因，都會使應收帳款變為「不良債權」。

面對已發生的「不良債權」，猶太商人的討債催帳行動會迅速展開，本著「先下手為強，後下手遭殃」的討債原則，速戰速決，絕不心軟，儘快把不良債權妥善處理，增加收回的機率，以避免淪為無法收回的呆帳。

當然，猶太人對於不良債權的客戶要顧及其面子，最好先用電話方式催促其履行付款的諾言，儘快清償帳款。這種先禮後兵的做法與人怕丟臉、樹怕剝皮的重視面子及自尊有密不可分的關係，而且對於較為偏遠地區的客戶，或者是神龍見首不見尾的客戶，這也是最經濟實用的方法。電話催告之後，猶太商人就依約直接造訪，在見面三分情的情況下，客戶通常都會自覺理屈而結清帳款。

如果客戶對電話催告及業務代表的直接造訪不予置理，猶太商人觀察其臉色，得知對方無清償付款的誠意，就應暫時離開，離開前，不妨表明繼續催討的決心。回去後，改變催討手法，用寄發「存證信函」來催討。寄發郵局存證信函，主要是加重催債壓力，促使該不良客戶及時付清貨款，再者，寄發存證信函日後可作為訴訟的催告證據之用。

一般來講客戶生意做得好，收款工作也就不會有什麼困難，但是如果遇到客戶由於經濟不景氣、財務狀況出現問題的時候，就會常常找藉口來拖延付款。

客戶的藉口不勝枚舉，大抵來說可分為兩種：一種是客戶本身的理由，另一種則是歸責於賣方理由。歸納起來，客戶最常用的出自自身的理由有下面幾種：

A. 負責付款的人不在或已經離職。

B. 上層還沒有核批下來。

C. 付款作業需要一定的時間。

D. 經辦人換人或生病、或住院。

E. 等進帳了才有錢付款。

F. 總經理不在，要等一段時間。

G. 我不負責付款。

H. 電腦故障，不能印支票。

I. 沒錢。

J. 現金流量出問題。

而另外一種把不能馬上付款的原因歸罪到賣方，最常用的藉口也可以歸納為以下幾種：

A. 還沒收到對帳單、催款單。
B. 對發票的內容有意見。
C. 對產品的功能、品質，甚至價格有意見。
D. 對服務有抱怨或不滿。
E. 要有送貨單、驗收單證明才行。
F. 只有傳真不行，必須要有發票才行。
G. 已經結清，沒有欠帳了。
H. 約定付款時間裡沒有來收款。
I. 採購的商品銷售不佳。
J. 請款單沒能按時送達。

客戶的狀況越糟糕，就越會找藉口拖延付款；而藉口編得越好，他就可以拖得越久。厚黑學認為，作為商人，要緊的是人要機伶點，不能被別人的藉口給騙得團團轉。在前往收款之前，要在心理上有所準備，做到始終「棋高一著」，不管聽到什麼藉口，在言談上都要有對策才行。

猶太商人說：「催收工作是一場充滿挑戰的遊戲，一場沒有一方願意輸的人性競賽。」成功催收的關鍵之一，就是事先做好萬全的準備，提高警覺，機伶點，才能見招拆招。

所以在收款之前，一定要預見到可能遇到的情況，做好下面四件事情：

A. 防患未然。一開始就把對方可能的藉口堵住，讓他啞口無言。

B. 防堵再拖。預計到隨著時間的拖延，對方還會再編什麼樣藉口，然後事先防堵，讓對方無法再得逞。

C. 判斷真偽。利用詢問技巧，你就可以知道對方是在編藉口，還是所說的是事實。

D. 表明立場。把你結清欠帳的決心告訴對方，讓對方感受到非結清不可的急迫性。

做好以上的準備，為了能快速收回貨款，還要細心規劃，正確使用方法，才能抓住債務人的心，搶先於其他債權人，輕輕鬆鬆完成收款的工作。

怎樣才能輕輕鬆鬆完成收款的任務呢？不妨花些時間，去向催收高手拜師請教，一定會有所助益。那些催款高手是怎麼做的呢？

首先好好地研究收款技巧，同時建立堅強的信念。這樣才能搶占先機，把貨款分文不少地收回，也唯有如此，你才能確定你的產品是實實在在地銷售出去的，才有可能開始下一次銷售工作。所謂的收款技巧，根據成功的收款高手的經驗，現總結成下面幾個方面：

A. 捷足先登：永遠要比你的競爭對手早到一分鐘，早到早收錢，晚到就有可能被顧客拖延或根本收不到錢。

B. 加強訪問：多拜訪幾次，多打幾通電話，不但可以增加彼此的交情，對抗競爭對手，而且可以真正掌握對手的經營實況，防患未然。

C. 事前核對：收款以前，應把對帳單傳真或以電子郵件（E-mail）方式給對方，好讓對方核對所登記的應付帳款是否一致，當然，最好用電話再和對方確認一下，並告知收款期限，如此一來，可以使顧客有所準備，才不致無功而返。

D. 注意奉承：收款時，客戶如果一味奉承就一定有所企圖，此時收款人一定要心存警惕，小心應付，千萬不要輕易答應對方延期付款或開具長期票據付款的要求。

E. 反覆催討：顧客總是有能拖就拖的心理，因此，當顧客藉故拖延付款時，絕對不能心軟，一定要多開幾次口，反覆催討。記住：反覆，再反覆地催討。

F. 態度堅決：要表現出公事公辦的態度，意思表達要堅決，語氣卻要溫和，外柔內剛。

G. 苦肉計：「苦肉計」是顧客拖延付款最常使用的方法。碰到這種情形，絕對不要輸給他，馬上跟著同歎苦經，一定要魔高一尺，道高一丈，才能把款項順利收回。

討債其實不難，只要你有心，志在必得，用對方法，你一定能成為一位討債高手。

國家圖書館出版品預行編目資料

猶太富豪的枕邊書 / 陳秦先編著．——初版——新北市：
晶冠，2015.04
面；公分．——（智慧菁典系列；2）

ISBN 978-986-5852-47-4（平裝）

1. 成功法　2. 理財　3. 猶太民族

177.2　　104003865

智慧菁典　02

猶太富豪的枕邊書

作　　者　陳秦先
副總編輯　林美玲
校　　對　謝惠玲
封面設計　王心怡
出版發行　晶冠出版有限公司
電　　話　02-7731-5558
傳　　真　02-2245-1479
E-mail　ace.reading@gmail.com
部 落 格　http://acereading.pixnet.net/blog
總 代 理　旭昇圖書有限公司
電　　話　02-2245-1480（代表號）
傳　　真　02-2245-1479
郵政劃撥　12935041 旭昇圖書有限公司
地　　址　新北市中和區中山路二段352號2樓
E-mail　s1686688@ms31.hinet.net
旭昇悅讀網　http://ubooks.tw/
印　　製　福霖印刷有限公司
定　　價　新台幣280元
出版日期　2015年04月 初版一刷
　　　　　2015年05月 初版二刷
ISBN-13　978-986-5852-47-4